叶叶生清音

——记我与作曲家杜鸣心的生活

中央音乐学院出版社
CENTRAL CONSERVATORY OF MUSIC PRESS
·北京·

图书在版编目（CIP）数据

叶叶生清音：记我与作曲家杜鸣心的生活/张平著. —北京：中央音乐学院出版社，2016.4（2025.2重印）

ISBN 978－7－81096－723－5

Ⅰ.①叶… Ⅱ.①张… Ⅲ.①杜鸣心—生平事迹 ②张平—生平事迹 Ⅳ.①K825.76②K828.9

中国版本图书馆 CIP 数据核字 （2016） 第 061773 号

YÈYÈ SHĒNGQĪNGYĪN

叶叶生清音　——记我与作曲家杜鸣心的生活　　　　张　平著

出版发行：中央音乐学院出版社

经　　销：新华书店

开　　本：787×1092 毫米　32 开　　印张：6.75

印　　刷：三河市金兆印刷装订有限公司

版　　次：2016 年 4 月第 1 版　　印次：2025 年 2 月第 2 次印刷

书　　号：ISBN 978－7－81096－723－5

定　　价：68.00 元

中央音乐学院出版社　北京市西城区鲍家街 43 号　邮编：100031
发行部：（010）66418248　　66415711（传真）

序

我老伴儿写的《八十之前》出版了，我感到高兴。

书中所记述的都是近三十年我们真实的家庭生活，没有杜撰，拉拉杂杂，随笔道来，没有夸张。

纵观我的一生，有三件事令我刻骨铭心，难以释怀。

一、1937年秋，于军队服役的父亲（时为少校营长）在淞沪保卫战中牺牲，留下我们孤儿寡母艰难度日，当时我才九岁。日本侵华战争令无数家庭家破人亡，中华民族遭受了巨大的灾难，我和我的家庭不幸成为其中之一员，我永远不会忘记。

二、1958年夏，我在莫斯科柴可夫斯基音乐学院已学习四年，所学课程全部是五分，成绩优秀。未曾料到，我被人暗算整治，被迫提前一年回国。我回国之后继续遭到追杀，迫害者写信给中央音乐学院党委，告我离开莫斯科之前去作曲老师楚拉基的家里诉苦，令我的老师对中国的留学生政策不满。我回国时已将团组织关系带回，并且参加了中央音乐学院的团组织生活，他们在违反组织原则的情况下，硬是把我开除出团，其用心险恶置我于死地。这样的遭遇，我是不可能忘记的。

三、我和现在的老伴儿从相识，相恋到组成家庭。其过程在本书《"春之采"的故事》中已有真实的记述。

我只想说，在我晚年安定和幸福的家庭生活中，离不开老伴儿的精心照料，离不开我家庭中每一位亲人的倾心关爱，我庆幸自己拥有一个无后顾之忧、美满和谐的家庭。

因此，我虽年过八十，创作并无衰退之象，我仍然在写作，同时我也参加各种音乐社会活动，这真是上天对我的眷顾，恩赐我一副还算硬朗的身体和一位相知相爱的伴侣。

在此，我还要感谢我们的上海好友顾岳松先生，他是一名医生，但是有着非常好的音乐品位和文学修养，他仔细看过每一篇文章，并提出意见，使其更为完善合理。

但愿每一位读者、每一位朋友看完此书后不觉得浪费了宝贵的时间。

谢谢大家！

杜鸣心

2015 年 12 月

目　录

| 一、"春之采"的故事 |

"遛了东园遛西园，遛到天坛公园。"

"我想念她学校门口的大石头，我想和她在小公园吃冰棍。"

｜二、巧遇街头｜

"杜咏到现在怎么还分不清楚列宁和托派。"

│三、爱神的午后│

"奶奶，我给你介绍个男朋友吧。"小爱神诗诗

"奶奶是琴的
头号粉丝。"

"琴从小就是群星围绕的月亮。"

"全家人都羡慕琴的桃花运。"大爱神琴

爱神姐妹俩

"我们家每个人都有失去的亲人。"琴、咏和妈妈

四、两个家厨（上）

"叫宝贝孙子起床是个漫长艰难的工作。"

"她把艺术天分贡献给了厨房。"

五、两个家厨（下）

我在厨房开启了"艺术家生涯"。

"冬天来的时候我一定会做腊肉香肠，这是杜妈妈的亲传。"

六、人生忽如寄　抱紧音乐行

"杜鸣心是用音乐创作求生存求解放的高手。"

舞剧《红色娘子军》的作曲家和著作权代理律师合影
后排左一：王燕樵 中：律师王毅伟 右一：施万春
前排左：吴祖强 右：杜鸣心

| 七、我不写陌生的音乐 |

"采风到此结束吧,再采下去,刘三姐要变成刘小姐了。"

八、温暖的伤感

　　"小外孙盟盟从小弹钢琴，还在卡内基音乐厅演奏过，鸣心和我想都不敢想。"

九、五七四十五

"如果我在乡下，就做一个乡间篾匠，一辈子编筐编席。"

"天下的艺术家都是好胡思乱想的人，胡思乱想是引发艺术创作的第一步，作曲家的第一步那么小就迈出了。"

　　"作曲家编曲篾匠编筐，反正都是'编'，看来我这辈子逃不出这个'编'字了。"

| 十、书桌内外 |

三位作曲家　左起：徐沛东、杜鸣心、叶小钢

｜ 十一、神功大业 ｜

"我爷爷冬天可以吃一份牛排，然后再吃两个冰淇淋。"

我和一个"奇迹"朝夕相处。在天津大剧院，他用俄语说"祝斯坦尼斯拉夫斯基剧院演出成功"。

十二、新疆之旅

"你会听到无数种《嘎哦丽泰》，见到无数个不同美丽的'嘎哦丽泰'。"

"夏米力的歌声好像一缕秋风，带着温暖的忧郁，一行行白杨树从面前掠过，树叶金黄而耀眼，远处的青山在暮光中静默，一颗思恋的心在风中飘荡。"

"鸣心和新疆手鼓相见恨晚。"右一为杰出的新疆手鼓演奏家

在哈萨克毡房，可爱健康的哈萨克小孩子

十三、家用电器的天敌

　　"他的成长期太过艰难，育才学校没有电灯，用桐油灯照明的。"前排左二：杜鸣心

| 十四、第二客厅 |

"花园可以是最美的音乐厅。"

"花园真是一个待客的好地方。"

"花园中最闪亮的明星当属月季。"

"绣球有最梦幻的颜色,像身着绿裙手执团扇的少女。"

"花园是我们的客厅。"

"咒语月季"是秋天最后一朵玫瑰

花园

花园

| 十五、杜咏的词典 |

"再强的语言模仿者也是杜咏面前的小巫。"

"杜咏、诗诗兄妹像说
相声一样，一逗一捧。"

"每次到唐人街中餐馆吃饭，父女俩的广东话有限公司立马
迎头开张。"

"我的80后社交圈。"鸣心的兄弟姐妹，育才学校的同学

"我和鸣心掉进了聚会的海洋，琴是客厅的焦点，我是厨房的焦点。"

| 十六、不速之客 |

《红色娘子军》2015年在美国林肯中心演出

十八、最后的圆舞曲

"我爸爸是著名作曲家，我的继母比我爸爸小26岁。"

"只有嫁给无产阶级革命家，才能过上高人一等的生活。"我的妈妈

"我们默契地绕过了年龄的尴尬，自然地成为好朋友。"

十九、莫斯科事件

"《鱼美人》的音乐中有马斯洛娃的影子。"
1988年和莫斯科大剧院芭蕾舞大师普列谢斯卡娅
握手照。

"古拜杜丽娜（世界著名作曲家）是我的同
班同学，我的俄语不够好，她经常帮助我，她把
课堂笔记借给我抄录，她的笔迹工整极了。"

"我捧着一束鲜花在街角等着马斯洛娃，我的心好像燃起暖暖的火苗。"

"1958年初到夏天，我开始写奏鸣曲式的交响乐了。"

"1988年重返莫斯科。"

｜全家福｜

我和杜鸣心

一、"春之采"的故事

一

鸣心的传记《大音希声》出版了，托人带给女儿琴。

琴看后从纽约打电话给我。

"完了，苏联的遭遇完全没有实话实说。"语气里浸着失望。

"你们俩的故事几乎一带而过。"失望得非常明确。

"精华都没有。"电话那头一定是摊摊手。

我心里很清楚，也很平静，就没有和琴过多地讨论下去。

《大音希声》是鸣心老家湖北潜江政协组织一个文化建设工程里的项目，这项工程主要是为一些出生在潜江的文化名人作书立传，其中有曹禺、鸣心。

凡涉及政绩工程的写作，必须是以表现主旋律和正能量为首要目标。

诚实地说,《大音希声》的作者秀夫先生还是一名诚恳又敬业的作家。他几次进京,非常认真地纪录了鸣心流水帐式的回忆。整理、写作、校对、出版,所有工作做得细致得体。

我很敬重他,他不像近年接触的一些急功近利的记者,草草采访,交差了事。最令人哭笑不得的是,个别采访者直到踏进我们家的那一刻才知道鸣心是个男人。

这类采访的文章,我懒得读,我也不需要读。

我是鸣心生活的伴侣,我是他后半生生活的亲历者、见证者,我们有欢乐和痛苦的共同经历,这一切都深深地刻在我的记忆中,经过风雨岁月的淘炼,留下的是精华,是不可磨灭的黄金。

多年来,许多记者透过了解,认为鸣心的重要作品钢琴协奏曲《春之采》是献给我的,并向我询问。对此我一律采取了回避的态度,理由是:作品题献有点俗套,作品好就足够了,献与不献,献给谁并不重要。

一个很有名气的作家问我:“你是杜鸣心的学生吗?”

他一定是联想到当今社会上发生的许多利益交换式的师生之恋。

我轻松地回答他:"第一,我不是他的学生;第二,在我们那个时代,学生勾引老师的工程还没启动呢。"

他哈哈大笑,可是我心里并不轻松。

二

我不是鸣心的学生,但是我做学生时就知道他的名字。我的初中好友家里有一张 78 转胶木唱片,是喻宜萱独唱的《跑马溜溜的山上》,杜鸣心钢琴伴奏。那是我第一次看到他的名字,觉得非常诗意,不同凡俗。我的同代人叫爱国、建国、爱红、爱军之类的居多,"鸣心"这个名字立即压倒了一切尚俗之名,使我过目难忘。这是我对鸣心最初始的辨识。

长期以来,我在内心里竭力回避我和鸣心那段令人心酸的苦恋。这情况如同是——"当你置身于一座美丽的花园中时,无论如何也不想回到满目凄楚的荒山野岭中去"。

30 年前春夏秋冬的某一天,我和母亲有一场谈判。

"我已经下决心离开我的家了。"我坐在娘家的客厅里。

妈妈坐在我的对面。她一言不发,盯视着我。

我顿了顿："我什么财产也不打算要，我只求您能给我一间房子，让我有个落脚的地方。"我鼓着勇气一口气说完。

我妈是个讲究尊严的人，着装优雅利索，头发梳得一丝不乱，讲话从容不迫。

"假如我不同意你回家呢?"她语速很慢一字一字地说。

"我的决心已定，如果您不同意我回家，我的一个同事在西城区后泥洼有个四合院，我已经和他说好了，就搬到他家去住。"我在孤注一掷。

我妈眼光移向窗外，一只乌鸦飞落在大树上，呱呱叫了几声，没招来同伴，呼的又飞走了，落下几片树叶。

我知道她在动心思，在考虑。我的所作所为一再打破她的底线，但是，她绝不会容忍我离了婚马上住进另外一个男人的家。这也是我唯一的底牌。

我静静地等着，不知将会拿到什么样的结果。

突然她转过头，眼角似乎有泪光，接着漠然地说："搬回来吧。"她的眼睛看着别处。好像对着墙讲话。

我万万没有想到，事情突然变得异常简单。没吵没闹，两个坚持己见的女人竟然这么快达成协议。

我悲喜交加，当晚即抱着我的书和唱片，还有一些衣服，连夜跑回娘家。那天晚上风高月黑，我的朋友为了给我壮门面特意开了一辆奔驰车，豪华汽车载着一个失魂落魄的女人在大风里狂奔。

我对妈妈心存感激，她的宽容没有让我流离失所。

我开始布置我的新家，铺上刚刚时兴的地板革——是浅绿色的，挂上蓝色碎花窗帘，安置好钢琴、音响，书和唱片整齐地码放起来，一切都显得充满生气。

阳台上堆了很多杂物，让我觉得好像在垃圾堆边过活。我受不了，挥汗如雨地干了一下午，把阳台扔了个干净。我妈说："平，你可真行，扔了一阳台的东西，就剩下七八朵喇叭花在架子上招摇。"她又气又笑。

我太需要有个房子落脚了，哪怕不是我自己的家，哪怕是我的娘家。这愿望日趋强烈，因为我和杜鸣心山穷水尽实在无处可去，我们已经在北京街头徘徊好几年了。

我家早前有个保姆是个老北京人，有一年她的大儿子离婚了，小孙子扔给她。儿子又搞了个花枝招展的小女人，每天忙着约会不着家，老太太一肚子气。

我去她家，只见她坐在院子里的大桑树下，冲着小孙子骂："你个缺德的爸爸，整天不着家，领着个小妖精遛了东园儿遛西园儿。"小孙子啥也不懂，一边吃桑椹，一边跟着奶奶嚷"遛了东园儿遛西园儿"，紫黑色的口水流了一下巴。

捡起这段骂，安在我自己身上，合身合体。

这些年，我和鸣心就像老太太的儿子一样，遛了东园儿遛西园儿。

东园儿是日坛公园，西园儿是香山、颐和园、八大处。我们还遛了南园儿遛北园儿。北园儿是什刹海、北海公园、中山公园，南园儿是陶然亭公园、天坛公园。再往南是黄土岗、大兴，那时候还是农村，没有公园。

北京东、西、南、北的公园我们都遛遍了。

唯独有一家公园，鸣心是死也不能踏入一步的。它就是紫竹院公园，因为他曾经在紫竹院和一个心仪的上海小姐终结了一段小小的恋情。他有点迷信，绝对不会带着我遛到他情梦终结的地方。

我的学校一般在下午3点40分下课，放学的铃声一响，学生像一群小鸟快乐地飞出校门，我跟在叫喳喳的鸟群后面，远远望去，校门对面的枣树下有块灰白的大石头，鸣心就坐在石头上，自行车倚在路边，满面温情冲我招手，细碎的阳光在鸣心的指尖晃动。

碰到下雨时，鸣心戴着草帽，雨水顺着帽子往下淌，他会踮起脚张望，焦急地寻找我的影子。那刻，感动的眼泪在雨水的掩护下放肆地流下来，我们没有胆量拥抱，只能用手拥抱着手。

天气晴朗时，我们会去一个最近的小公园——南礼士路小花园，坐在树下，喝瓶汽水，或者吃根冰棍，说说心里话，呆上两小时。

有一阵，鸣心为影星刘晓庆写一组歌曲《慈禧》，程恺作词，共12首，香港唱片公司委约。

鸣心每天上午写一首，午睡后，偷偷溜出家，骑车来学校门口等我，然后我们到南礼士路小花园，他拿出写好的歌唱给我听。

鸣心原本对这类创作兴趣并不大，由于我们正在热恋中，词又写得情意绵绵，鸣心不知不觉受到了感染，曲子竟然写得非常情深意切。他轻轻地唱给我听："天还是那样高，月还是那样亮，情思几缕几多长，一头缰在君身上，一头绕在奴心上。"

我俩手紧紧握在一起，看着太阳一点一点落下去，分别的时间一点一点移过来，伤感一点一点弥漫起来。

这张唱片完成得异常快速顺利，委约方非常吃惊。

根据以往的经历，委约方要不停地催稿，每次都是千呼万唤拖到最后一刻才能拿到稿子。这次实在是令人意外。他们当然不会知道，这部作品是堕入情网的鸣心在街头公园完成的。

鸣心不轻视我的职业，他喜欢我的工作。我指导的合唱团要参加比赛，想选一首与众不同的作品。恰巧我刚看了电影《红衣少女》，里面有一首歌《闪光的珍珠》，我非常喜欢，旋律清新优美，是已故作曲家王酩先生的作品。

我们踏出了原野的小路，

看见小树上有许多新芽吐出。

虽然是匆匆，匆匆而过，

却总愿回头，再看看每棵小树。

一个新芽就是一个梦呀，

一个新芽，就是一颗闪光的珍珠。

鸣心就在公园的石桌上铺开谱纸，把这首曲子改编成合唱。比赛大获成功，我们合唱团获得了第一名，我受到了学校的特别嘉奖。

这首歌寄托了鸣心和我的爱，我赠他一粒幼芽，鸣心回赠我的是一颗闪光的珍珠。

每天深夜，我会写很长很长的信给鸣心，诉说着我的爱。鸣心也会在全家都睡觉以后，在乐谱稿上铺上信纸向我表述永远说不厌的情话。但是我们的信却没有扔进邮筒的可能，那样可能会落入他人之手，我们只能企盼下次见面时交换信件，亲自读给对方听。

我们是非正常恋爱，说俗了是"偷情"。不可能经常在公共场合正大光明地出现。就怕碰到熟人，引起麻烦。

有一次，我们俩到什刹海散步，看到烤肉季，就决定去吃一顿饭。饭馆人非常多，我就在前厅等位，等了好一会儿，服务员过来告诉我，楼上有位子了，我们非常高兴，连忙跑上楼。鸣心突然看见北影厂导演李文化也在吃饭，俩人打了个照面，但是没有问候。鸣心觉得不大对头，马上返身下楼，对服务员说声抱歉，慌忙走出饭馆，服务员用非常迷惑的表情目送着我们。

私下里我叫鸣心"十元君"，因为他一个月只有10元零用钱——那也是经过抗争，从"五元君"晋升上来的。其实鸣心的工资在"文革"之前就有127元，20世纪80年代在中国人普遍还很穷的时候，鸣心有大量的写作任务，多个国外唱片公司的委约，甚至写到美国迪斯尼乐园，收入丰厚。但是这些好像和鸣心没什么关系，消费额度永远是妻子规定的每个月10元钱。

"十元君"骑着自行车，手里提着"长征时期"的包（芭团导演李承祥语），穿着洗得发白的衬衣，一双塑料凉鞋不知蹬了多少个夏天。

"十元君"缺钱，并不输君子风度，会用有限的财力恭维女友。他从没空手看过我，每次见面总会送上精心准备的礼物。有时送我一条毛巾，有时一块手绢，有时买几个小苹果，或者一块巧克力糖。最难忘的是，他曾气喘吁吁地提着十瓶冰镇汽水送到我手上，这可花去了他三分之一的零用钱。

有一次鸣心意外截获了30元稿费，他简直高兴坏了。我们骑车到建国门桥边新开的一家"凤凰餐厅"，花了5块钱，美美吃了顿大对虾。

出了饭馆，在长安街一路骑行，深红色的天安门城楼，衬得天空粉蓝粉蓝的，头顶上飘着白色的云朵，我们俩夹在欢腾车流里，快乐得像检阅仪仗队的君王！

我们见面的地点随机选择，或远或近，根据可控时间来定。但是我们的告别地点只有一个，就是西单六部口。那里是中间地带，那时还没有建设北京音乐厅，西单老邮局 5 点多钟下班，汽车和自行车在长安街上混行，那是我和鸣心最难舍难分的时刻。

电报大楼钟声敲得乏力又无奈，车流声淹没了无数遍爱的道别。我骑车先走，鸣心站在原地不动，他忧伤地看着我骑车远去，眼睛里充满了我的影子，他身后的晚霞仿佛是千万条道别的彩巾在飘……

三

鸣心的妻子是个很要强的女人，漂亮聪明集于一身，做事意志坚定，不容异见，不幸中年染病，把自己未竟的理想全部押在鸣心身上。

鸣心实在不是一个理想的合作者。妻子过度着眼于荣誉和名利的享有，省略了爱情和幸福的收益，催促和指责的声浪不分时刻地泛起，每个家庭成员都感觉紧张，完全失去了普通家庭平实互爱的幸福。

"你一定要在中国音乐界占领一席之地，绝不能像某些音乐家在晚年默默无闻。必须努力拼搏，一人收获，全家光荣!"这是妻子定下的目标，像指挥官发出的进军号令。家庭变成战场，风流才子硬被扮成苦寒斗士，长年累月在五线谱里冲锋陷阵。

斗士也有疲惫时，也想喘息一下，音乐家的心尤其需要温情梳理，但是这不符合妻子的目标和理想，她希望看到的是生命不息奋斗不止。于是冲突即起，音乐界一席之地没有占领，家庭战争却频频上演，鸣心感到痛苦万分，孩子也受到殃及。

无论是在一日三餐的饭桌上，还是在本应推心恳谈的客厅里，经常是一个沉默不语埋头写作，另一个声泪俱下抱怨指责，或者是激烈的恶语相向。夫妻间亲密的肌肤关系早就烟消云散，各回各屋，各睡各床，各想各的心事。婚姻被做成了空壳，像赌博一样，耗尽了感情甚至性命。

朦胧淡月云来去，桃杏依稀香暗渡。一寸相思千万绪，人间没个安排处。

我们千万百计地寻找见面的机会。我们仿如一对驶入空谷溪流的船：两岸翠峰叠障，水中暗布漩涡，天空中偶尔有几只飞鸟鸣叫，好像是寻求同情的声音。

同情者终于出现了。

鸣心的好友作曲家张丕基先生比较了解他的家庭困境，非常同情鸣心，他打趣说："让我在杜先生家呆一天，我肯定得疯。"

他请我们在外边吃饭，碰见熟人便介绍我是他的表妹，免去了我们在公众场合的尴尬。鸣心也借口找张丕基商量写作，悄悄地和我见面。

当秋风把天吹凉的时候，夹带着吹来了一个机会——鸣心和张丕基要为陈怀恺导演的一部电影配乐（陈怀恺是电影导演陈凯歌之父），写作地点由作曲家定，可以找一个安静不受打扰的地方开笔。鸣心选择了北京军区招待所，在八大处公园脚下。

我每天都出城去看望鸣心，坐地铁再换公交车。

我提着一个保温桶，里边有我做的番茄牛肉汤，到了他们房间打开盖子，香气充盈整个屋子，至今还记得那股香味。

我和鸣心散步到八大处，漫山遍野覆盖着颜色浓郁的枫叶。心情充分释放，我用手拨拉着树枝，黄色的小野花顶着露珠钻出泥土。我想起了法国诗人罗贝尔·德斯诺（Robert Desnos）著名诗作《最后的诗》。

我这样频频地梦见你，

梦见我走了这样多的路，

说了这样多的话。

这样地爱着你的影子。

以至从你，

再也没有什么给我留下。

给我留下的是影子中的影子，

比那影子多过一百倍的影子。

是那将要来到的和重新来到的你的，

充满阳光生活中的影子。

　　一阵冷风吹散了我的头发，鸣心温柔地把我的散发编成两根辫子。入夜后，从八大处山顶可以望见京城一闪一闪的灯火，有几分迷人的样子。两个站在山顶的城外人，心始终在迷途中徘徊，想到还得返回那片灯火城池，实在发怵。

　　八大处的最后一天，张丕基约着鸣心和我去军旅作曲家王竹林先生家吃饭。王老师略备小菜，还拿出了茅台酒，这是三个作曲家和一个"表妹"的小家宴，他们相谈甚欢，席间讲了很多笑话。

　　鸣心的工作非常繁重，有教学，有写作，几乎没闲暇。我们见面的时间越来越短，有时只有 15 分钟。

可是我们的手却越握越紧，心越贴越近，感情越陷越深。

四

1986年春天，美国民间友好组织"人民对人民"向杜鸣心夫妇发出邀请——邀请中国著名作曲家杜鸣心在华盛顿肯尼迪艺术中心举办音乐会。整个活动行程约两个月，其中包括参观东部文化名城，参观著名的大学并发表讲演，参观罗斯福庄园，出席各种名流的宴会酒会及室内音乐会。杜鸣心音乐会的嘉宾名单也送来了，有艾森豪威尔家族成员、国会议员、杜邦财团家族成员、音乐家拉赫马尼诺夫的后代、飞虎将军的遗孀陈香梅等人。最重量级的活动是，美国总统里根将在白宫接见杜鸣心夫妇（后因航天飞机"挑战者号"失事而取消）。美方安排的行程可谓尽善尽美。

鸣心的妻子接到这个邀请非常高兴。这是天大的荣誉，中国音乐家第一个登堂肯尼迪艺术中心，在国际乐坛展示成果，是何等的风光和荣耀。出访前紧张的准备开始了，各种午宴、晚宴、酒会、音乐会的礼服，绣花的旗袍、长裙、短衫，闪亮的皮鞋、皮靴、佩饰、项链、耳环，化妆品……要制作，要购买，她每天风风火火地出入友谊商店、服装师的工作室，忙得不亦乐乎。

鸣心被安排在家校对音乐会乐谱，准备讲演稿，紧张得一刻不息。行头都准备停当了，妻子又仔细检查了数遍，没发现任何遗落，放心地等待着启程。她看了一眼书桌前默默工作的鸣心，心满意足，争吵可以休矣。

可是她丝毫没有察觉到丈夫装满秘密的心。

鸣心时时刻刻想念着我，他想和我告别，脑子里一直琢磨走出家门的理由，最后认为出来理发是一个比较可信的理由。他妻子也应允了，因为第二天一早要飞上海，从上海再直飞美国，嘱咐他一定要早点回家。

我一直在学校传达室等鸣心的电话（快放寒假了，传达室人很少）。鸣心来电话了，约我到北纬饭店理发厅见，我连忙赶过去。

鸣心已经坐在理发椅上了，理发师傅忙着给他整理头发。我站在鸣心身后，从镜子里望着他笑笑，轻轻扬了下手。

那天我莫名其妙的穿得漂亮：红色黑纹的毛衣，黑色的裤子，一双黑蓝色鹿皮长筒靴。理发师傅偷偷瞄了我好几眼。

鸣心的笑容温柔苍白，有点不大自然。

头发理得很不错，戴好眼镜，风度翩翩。

我们快速走出北纬饭店，天全黑了，路灯闪着迷蒙昏黄的光。鸣心的神色忧郁，我们深深地凝视，目光透出伤感和茫然，都没勇气说出告别的话。

还是鸣心先打破沉默："你送我回家吧，到我家门口你再坐车返回。"他不征求我的同意，招来一辆出租车，拉着我的手上了车，我听见他粗粗的气喘。

我们紧紧拉着手，依偎在一起。"你要保重，等我……"话没说完，鸣心开始哭起来，"我不想去（美国）"，"不想回（家）"，他哽咽着，话也说不全。

我从没有见过他这样止不住的流泪。鸣心害怕踏上痛苦的旅程，不想整天对着陌生人微笑，没心思出席俊男靓女聚集一堂的音乐会，没兴趣攀上豪华的摩天大楼，不想在罗斯福庄园的宴会上频频举杯，最令他无法忍受的是，日日夜夜在思念中煎熬……

他只想和所爱的人在一起，他想念我学校门口的大树和石头，他想念八大处漫山遍野的枫叶，他想坐在南礼士路公园和我分吃冰棍，他想拉着我的手遛了东园儿遛西园儿，他想和我骑车经过天安门，穿游半个北京城。

他想……

鸣心一直在哭，一句话都没有。司机会意地放慢车速，最终还是停在了他不想回的家门口。

我紧紧捏着沾满泪水的手绢，木然地望着黑暗的夜，任凭出租车没目的地开着……

鸣心怀着秘密的忧伤踏上了赴美之旅。

在上海机场等飞机需要好几个小时。他爱上了一个令青春复苏的女人，此时却找不到她丝毫的影子，鸣心四处张望，希望找到些什么，哪怕与这个女人相关的一丝一毫。

在很不显眼的一个角落里，鸣心发现那里站着一个邮筒。

同行的妻子急切着要逛免税店，还要给亲朋好友电话道别，分享无限的风光和喜悦的心情。她很快地走掉了，很慢地才会回来。

鸣心决计守在邮筒旁边，像守着一份意外之财，一直守到登机。

他开始给我写信："春天快来了，擦干眼泪，丢掉悲伤，让我们迎接春天，春天属于一切热爱生活的人们……"

我仍旧每天给鸣心写信，尽管我知道这些信既不能寄出，鸣心也不能收到，但是我依然痴心地写着这些不会有下落的信，一字一字地盼着收信人回来。

而另一边，到美国初始还有股新鲜劲，加上时差和旅途劳顿，两个人安静地过了几天。

很快，争战的迹象又开始露头了。碎小的拌嘴，像柳絮一样飘入旅行的日程中，越落越密，陪同者以奇异的眼光看着日渐显露的变化。

鸣心克制的法宝就是沉默——相劝反而会招来数倍反击，妻子能言善辩，辞严意切，声泪交加，言主张而不顾左右。看着她枯瘦而挣扎的病体，鸣心是绝不敢捅这个马蜂窝的。

鸣心小心翼翼地说话做事，意外还是会有发生。

"挑战者号"失事让美国沉浸在一片哀伤中，白宫前薄雪未化，高大屹立的青松肃穆默立。

他们乘车在白宫附近游览，一路相安无事。

下车拍照时，妻子的高跟鞋踩上一决薄冰，趔趄了一下，并没摔倒。鸣心从另一侧车门下车，没有看见，没能及时搀扶。她很生气，对着鸣心大叫，一肚子怨恨都要撒在鸣心身上。鸣心马上上前赔不是，但这更激怒了她，她又哭又嚷，弄得鸣心不知所措，路上行人也投来奇怪的目光。

陪同人被突发的争吵弄得不知所措，赶忙上去劝慰，好说歹说才把杜太太劝上汽车，开车来到华盛顿一家高级的中餐馆，连扶带搀把哭着的杜太太请进去。鸣心自知惹了祸，低头紧随其后。

中午就餐的人很多，前厅给等位的顾客预备了漂亮舒服的沙发，旁边还配置了鲜花和鱼缸。杜太太进门后说头痛难忍，一头躺在正中间的沙发上不起来，吓得餐厅老板俯身在沙发前，用近乎乞求的腔调对她说："这位夫人如果实在不舒服，我们办公室也有沙发，是不是到那里去休息一下呢？"大家觉得非常尴尬，鸣心更是愧疚万分。

此后，夫妻俩又恢复到在国内时的状态，或小争大吵，或沉默相向。

访问快结束时，他们被安排在酒店的总统套间。房间布置华丽，有一架三角钢琴，总经理亲自送来鲜花和美酒，然后谦卑地退出，轻轻地带上门。屋里只剩下一对陌生人，望着窗外满天的星星，一语不发……

五

心力交瘁的鸣心终于回到了中国，不顾一切找到我家。

日夜思念鸣心的我，被痛苦折磨得茶饭不思，两个月瘦了20多斤，眼睛深陷，手背上布满了青筋，像是变了一个人。鸣心走进我的房间，惊讶地看着我，我身后好像有一股巨浪突然腾起，重重地击打了我一下，我一下瘫倒在鸣心的怀抱里！

我们再也不想分离，永远也不想分离，我们俩都疯了！

我们的处境十分狼狈，每次相见就像两个逃离隔离区的难民，慌里慌张，心神不宁，既无大路可走，又不敢拥抱光明。

侯宝林相声里说，"属黄花鱼的溜边走"。两条黄花鱼穿小街入深巷，在路静人稀的边缘地带游来绕去，躲躲闪闪，生怕撞上暗礁。

鸣心表面上"占有中国音乐界的一席之地"，心里却甘愿为爱情流落到天涯海角。为了这个看似伟大实则虚幻的理想，鸣心付出了常人难以承受的艰辛。生存的路途太过困苦，他几乎失去自我，失去艺术家应有的尊严，若汪洋中飘游的孤帆。

我相信这个世界上有心灵间的辨识和相通，我和鸣心有相似的生活史（童年失父），同样美好的精神渴求，我们之间有说不出理由的倾心爱慕。我们勇敢地拉起手，能看到彼此的灵魂深处。

我没资格也没能力帮助鸣心争取"音乐界的一席之地"，"一锥之地"我也争取不来。

我是个名利进取的弱者，但是我想为鸣心争取尊严，让这位受人敬慕的作曲家，不再带着我东躲西藏，浪迹街头。我要让鸣心堂堂正正地走入我的家，像个好朋友那样至少在我家里有"一席之地"。

为此，我和母亲开始第二次谈判。

"我想带我的男朋友回家见见您"，我拦住正要出门的妈妈，开门见山。

"你的男朋友？"口气有点揶揄，又吞了回去。

"对，我的男朋友！"我故意加重语气。其实妈妈早就知道我和鸣心来往，只不过今天正式拿到谈判桌上。

"你介绍一下你男朋友的情况吧。"

我一五一十地说了。

"这就是你的男朋友？有两个孩子，有老母亲，还有妻子，比你大 26 岁，你不觉得荒唐吗？"

"是比较特殊，但是我没觉得荒唐。"我语气有点强硬。

"其他条件且不说，仅就年龄差距来说就很不合适。这种年龄差距，如果他是美国总统还差不多。"

"那你就把他当美国总统吧。"我心想，这个超级势利眼！

谈判眼看要变成斗气。

我静了静神，不能斗气斗嘴，那样情势会更恶劣，决定用情用理。

"杜鸣心是一位功成名就的作曲家，有很大的国际影响，前几个月去美国访问，美国总统还打算会见他呢！"我故意把"接见"说成"会见"，先给势利眼妈妈来粒怡口莲。

果然，我妈妈没说话，她还想听下去。

"杜鸣心有一位特别善良的妈妈，有口皆碑，就像我姥姥一样。"说到这里我眼圈一红，我妈知道我对她妈的感情。

"他还有两个孩子，特别可爱，非常懂事。我觉得，鸣心拥有这么多善良的亲人是人生在世最大的财富。"我观察妈妈的表情，接着说。

"他们夫妻长期不和。他妻子患重病，性情急躁，杜鸣心照料病人，忍让多年，生活得很痛苦，需要理解和同情。"

"杜鸣心的年龄是大，可出生年份并不由己，这仅仅是一种事实。年龄不能视为缺点，更不是品格上缺陷。这不妨碍我们的关系，我们在一起非常相爱，非常幸福。"我一口气说完。

妈妈冷冷地说："既然你的男朋友这么优秀，我是可以见见他。"

说完转身出了家门，她身穿米色风衣，手里提着黑色小皮包，走得急匆匆。

我有点吃惊，猜不出她的皮包里装的什么药。

我和鸣心的恋爱，是有些人嘴里的八卦，有些人眼中的"丑闻"。

而"丑闻"这两个字最先由我母亲嘴里说出。

我们终于坐在母亲面前。

这次是她开门见山。

"我认为，你们两个人的关系，是中国音乐文化界的

'丑闻'。"

鸣心没有反应，我翻了下眼睛。

"你不以为然吗?"妈妈瞪了我一眼，下边的话着实有点吓人:"我们可以去问问杜鸣心的合作者，中央音乐学院院长吴祖强，征求他的看法。我相信他也一定认为这是'丑闻'。"

妈妈说了很多，指责的话在客厅里乱飞，除了"丑闻"两个字印象深刻，其他的话穿过我的耳朵又飞回客厅。

我任她说，任她发泄。愤怒的外皮被剥开之后，我相信会露出隐藏在深处的同情心。

鸣心倒是异常镇定地听着，他就来自指责的世界，免疫了。

我还是相信眼泪，相信儿女之泪对每一个母亲的感化力量。

"妈，我们今天坐在您面前，把您当作这个世界唯一最信任的亲人，向您坦露。我们真心相爱，只是没把握好时机，在不该恋爱的时间恋爱了。我们有勇气承担任何指责，甚至不惧怕为此身败名裂。"我的眼泪止不住了。

"杜鸣心表面风光，内心忠厚善良，实际生活非常痛苦。他自幼丧父，成长艰难，现在家庭负担沉重，他太缺少真正温暖的关爱。我求您给我们一份母爱的同情，尊重我们的感情，给杜鸣心一份尊严，哪怕让他像个好朋友一样，堂堂正正走进咱们的家，给他关爱，给他理解，给他一个温暖的去处。"我泣不成声。

我妈没再说话，转身进了厨房，我擦干眼泪，帮她准备饭菜。

三个人第一次在一起吃饭，有些拘谨，吃的比说的多。妈妈做了冬瓜虾仁蒸饺，几样拌素菜，鸣心爱吃。我高兴得语无伦次，顾左顾右，心里一片唏嘘。

我感激妈妈在矛盾的心情中给了我一份母爱的默许。

我感激她理智地包庇了我们这段"丑闻"。

我感激她没有真的去和中央音乐学院院长探讨什么。

在这里我还要感激我那位死去的老革命干部继父，虽然我们互有成见，我是他眼中资产阶级自由化的典型，是属于应该永远接受无产阶级再教育的对象。但是他拥有的两套单元房，最后都留给了我们享用，家庭中每个人都享有独立的空间（那时还没有商品房，中国老百姓的居住条件很差）。幸好他死在我的婚变之前，否则他是绝不会允许我在这个家里"胡作非为"的。

六

一天挨着一天过去了，春夏秋冬有的来得早，有的来得晚，有时来得凶猛，有时来得温和。

痛苦和欢乐也是来来去去，都没走远。

鸣心的生活状况愈发艰难，孩子要考高中，考大学，妻子病情加重常常住院，母亲一天比一天衰老。

为了减轻他的重负，我决定避离。

每个寒暑假，我都会打起行装，带上对鸣心的思念远离北京。

学校在假期前总会有最后一次教师例会。我拖着行李开会，校长最后一句话音刚落，我便拉着行李直奔火车站。

几个要好的旅伴在火车站集合。

冬天去南方，一路走一路脱衣服，冬天的行李加上夏天的行装，身上越来越轻，箱子就越来越重。

我几乎跑遍了云南、四川、湖北、湖南、广西、广东、海南岛等地方，见识了许多美丽异样的景色，历经了太多有趣的风土见闻。

我一路给鸣心写信，把旅行的酸甜苦辣与他分享。

鸣心有我房门和信箱的钥匙，他每隔两天就到我家，取了我的信，在我的房间里反复读这些信，好像在同我讲话一样。

长年累月超负荷地工作，鸣心的腰椎出现了问题，走路感到麻木费力，他到积水潭医院拍了片子。

会诊那天他让我陪着他。

我没有资格走进诊室，就在诊室门口听。我的听力很好，医生和他的谈话我听得清清楚楚。

"你是胛部裂并伴有滑脱。"

"如果不进行手术可能会造成瘫痪。"

"手术需要卧床半年，愈后效果好坏各半。"医生冷静地说。

"那我和家人商量下再做决定吧。"这是鸣心在说。

我和鸣心走到积水潭医院内的小花园，小水池边有一个石凳。

中午的阳光紧盯着大地，热风里混合了太阳和医院的气味。

我颓然地坐在石凳上，眼前的景物都模糊了。

我们不曾绘制过远景的蓝图，没有制订过"明天"

以后的计划，我们之间没有远大的承诺，他无法允诺我将来的生活。

我们早就丧失了对未来和希望的认识。

我们对未来设定的长度只有 24 小时。

我们只是寻求"明天还能见面吗"？

"只要明天能见到你，生活就足够美好。"

我们相爱的历程没年没月，是由一个接一个的明天组成的。

"明天"就是我们渴求的一切。

"我是不是应该求得什么人的怜悯和宽恕？"看看地上的影子，我心里不停地反问自己。

鸣心拉着我的手，我抽回手，捂着脸呜呜地哭。

二、巧遇街头

　　我和杜咏"巧遇"在街头，相识在饭桌。那年他 10 岁，诗诗 3 岁。

　　"巧遇"是我和鸣心策划的，我领着诗诗站在路南，鸣心带着咏儿在路北慢慢溜达，东张西望，马路很窄，也没有什么车，最多的是自行车，还有公共汽车。

　　鸣心早就看见我了，却装做突然发现了什么人，用手一指路南，大声对咏说，"怎么看见了一个认识的阿姨"？这是我们商定好的，是接头暗号，我根据鸣心发出的暗号做出行动。

　　我领着诗诗快速穿过马路，突然出现在父子俩面前，"你们怎么也在这里"？鸣心激动的话音都发颤了，马上又故做镇静的说："真是太巧了，那咱们一起吃饭吧。"好像在征求我的意见，脸却冲着咏儿表演。

咏儿只要听说吃饭，尤其是吃西餐，和谁在一起吃饭并不在意。

我想拉着杜咏的手，可是他特别腼腆怯生，深黑的眼睛看了我一下，又低下头去，他紧紧地拽着鸣心的衣襟，我就不勉强他。

诗诗倒是欢天喜地，像只快乐的小蝴蝶跟着我们仨一路飞。

我们不敢和杜琴巧遇，虽然她也很馋，但她是爱情专家，鸣心和我表演的"街头巧遇"是骗不过她的，她会一眼识破我们的伎俩。

"巧遇街头"表演了两回，还算成功。

很快，我们意识到"街头巧遇"不能再表演了，傻瓜也会看出破绽。

于是我们就把"巧遇"地点从马路边转移到陶然亭公园游乐场的滑梯旁，还有动物园的猴山。

陶然亭公园为小资青年开了间西餐厅，餐厅外红花绿草，气息很是浪漫，吸引了许多恋爱的年轻人。

在动物园猴山，视线只要离开玩耍的猴子稍稍往东一抬，莫斯科展览馆的金色尖顶赫然入目，使人联想到莫斯科西餐厅，金壁辉煌的大厅、水晶玻璃杯、白色的桌布、亮晶晶的刀叉，还有银制的茶杯套，那是北京人学吃西餐的摇篮。

当我和欢天喜地的诗诗再次出现在猴山，咏儿心里已有点纳闷，怎么每次和爸爸出门都会碰巧遇上相同的阿姨和小女孩？

无论什么也抵不过香喷喷的奶油烤杂拌和红烩小泥肠，酸酸的漂着奶油的红菜汤，切片面包涂上厚厚的黄油果酱，疑惑早跑没影了。

诗诗用手护着红烩小泥肠，翻着眼睛对咏儿说："小馋猫，恶心劲儿。"咏儿顾不上搭理她，闷着头使劲吃，菜上了一道又一道，吃得盆光碗净时，每个人心里都开始期待着下一次"巧遇"。

后来"巧遇"越来越少，因为咏儿长大了。

我嫁给了鸣心，每天都在一起，再也不用为见面费神了。

咏儿是音乐才子，钢琴弹得非常好，听力绝佳，又会即兴演奏，一首简单的小曲被他发挥得五光十色，令人拍案叫绝，咏很容易地考上了中央音乐学院附中作曲专业。

我们的家乱七八糟，东西都是乱放乱堆，人多房子小，老的老，小的小，真是不知道从哪儿下手整理。

鸣心任作曲系主任忙得焦头烂额，他的精力全放在工作教学写作上，家务事大撒手，一律不管。

鸣心是个好老师，教学工作十分认真，对学生也很有耐心。

鸣心对自己的孩子却是另一副面孔，他的责任心无影无踪了，偶尔对咏说上几句有关专业的话题，恨不得5分钟就下课，所以他从来没有给杜咏上过一节作曲课。

杜咏顶着中央音乐学院附中作曲专业学生的头衔，实际上自学了三年。

杜咏在家里练钢琴，也在家里写作。

他写完一首作品，就在钢琴上试奏，只有诗诗守在他旁边听，诗诗非常崇拜杜咏，喜欢听他弹琴，是哥哥的小粉丝。

诗诗经常激动得大叫，"妈妈，快来！杜咏写得特别棒"！她一边叫一边跑到客厅，鸣心在看报，什么也听不见，我紧随着诗诗来到咏儿的房间，"杜咏，再给我妈弹一遍"！

咏的确写得好，是一首《奏鸣曲》。曲调新，也不怪，很好听，洋溢着青春的激情。我很感动，诗诗使劲地鼓掌欢呼，小手都拍红了。

我新入杜家，很想在这个家站住脚，可我又没什么过人之处，只能以美食安抚全家人的胃和心。

我会做菜，也爱做菜，我使出浑身解数在餐桌上大显身手，每天下班提着大包小包的食品进门，排骨、牛肉、鸡鸭又炖汤又红烧，又咖喱又蒜蓉，中式西式轮番轰炸，我做的干烧鱼人人称道，后来还被阿姨传到吴祖强家的餐桌上。

咏不爱说话，心底里却是个热情的人。

咏乐于和同学分享一切，也乐于为同学排忧解难。

他和同学分享的内容从几根冰棍，两瓶汽水，一把羊肉串，一顿校园旁边小饭店的小酌慢慢升级，同学缺什么他就从家里拿什么，毛巾、香皂、牙膏都是小意思，隆冬时节，咏甚至把家里最厚的棉被拿到宿舍去，供同学取暖，害得我们缩蜷在薄被子里哆嗦。

他的热情和慷慨受到了附中同学的热烈追捧。

我的弟弟因为工作原因常年出国，他喜欢音乐，给我带回很多欧美最流行的录音带，我攒了不少，在那时是非常稀罕的。

Elton John，Billy Joel，Steve Wonder，George Michael，Paul McCartney 等等。

我带着很多书还有磁带唱片来到杜家，算是我的随身嫁妆，我生长在公有制的社会中，完全没有私有财产的概念，我和我的上辈人同辈人都没有什么财产，书和唱片在我眼里珍贵的程度堪比房子和金钱。

我当然愿意和未来的大音乐家分享我的宝藏。

新奇的音乐征服了咏儿，这些音乐满足了咏儿和同学对欧美流行音乐的好奇和渴望，咏儿特别喜欢听，他的录音机里整天放着这些音乐，开始只是在家里听，后来悄悄拿到同学中听，再后来这些音乐响彻了附中男生宿舍。

咏儿的妈妈生前收录了很多电影录像带，我又带来一大批原版录音带，鸣心经常出国访问，带回了日本电视机、录像机、高级音响，还有游戏机，家里有一架德国钢琴，一架英国钢琴，咏有时去高级酒店的酒吧大堂弹钢琴，小有收入，一时间咏成了附中学生中的首富。

闷声闷气的首富生活紧张忙碌，唱片录像带经常被咏拿走，和同学分享或出借，我们不在家时，游戏机、录音机、录像机肯定在学生宿舍忠诚效力，我们回家前再悄悄搬回来。

　　杜咏出手大方，借借还还的事太多了，或者算错了我们归家的时间，咏儿就会遭到鸣心的责骂。

　　我们外出时，诗诗像条小狗一样帮我们看着家，看管着这些好玩儿、有意思的东西，与其说看，实际上就是监视和汇报杜咏的行踪。

　　"妈妈，杜咏今天又把录像机搬走了。""游戏机也拿走了。"

　　有一次咏大概算错了我们回家的时间，我一进门，听见诗诗大声喊，"妈妈，杜咏把电视机搬走了"。阿姨也走上前来告状，"下午来了三个同学，把电视机搬走了"。

　　鸣心气坏了，训斥了杜咏一顿，发誓一定要追回家里各种大件小件，上至电视机、录像机、游戏机，中至唱片、图书、录像带，下至茶杯、碗筷、棉被大衣。

　　在校园里风光披靡的杜咏回到家即被追债，鸣心坐在咏的对面一样一样地算帐，咏有点狼狈。算着算着鸣心也糊涂了，一个说有，一个说没有，父子俩扯着一笔笔烂帐。

　　不管怎样，鸣心的严肃态度还是有震摄力的。加上妹妹和阿姨的动态汇报，咏还真是平静了一段。

平静下来的咏，告别了喧闹的流行音乐，一声不响地在屋子里读书。弹弹"肖邦"练习曲，弹弹巴赫，看看各种小说、诗歌等等。除了琴声响起，基本上都是静悄悄的，没有同学来找他玩乐。

远离了欢乐的咏儿，另外的情绪自然降临。

我发现咏在读爱伦·波的小说，甚至有一点沉浸其中。

我不知道他的内心中是不是有"深不可测的忧郁"？我也不知道他的心是不是"一只倒挂的琴，轻轻一拨就玎玎琮琮"。

我就不猜想了，年轻人的心太多变，不好定论。

杜咏上大学后写的一部作品就是爱伦·坡小说《丽姬亚》的音乐肖像，种子应该是之前埋下的。

平静期并不长，一个年轻人不可能永远沉默。

1992 年的暑假，我陪鸣心去新疆采风近一个月，当我们风尘扑扑地回到家，当即被阿姨告状。

在我们外出那段时间，我家成了咏的暑期俱乐部，每天一大早就有人来敲门，家里电话响个不停，看电视，听音乐，玩游戏机，最高纪录一晚上家里住九个男孩，床上地下都睡着人。

　　咏为此付出的代价是，没收了游戏机，缴回所有唱片，不许出家门，整个暑假后期只能在家里看书写作业。

　　后来还真的消停了，因为咏要考大学了，他的玩伴们也要考大学了。

　　高考对于杜咏来说是这样的：专业课如一马平川，文化课如翻山越岭。

　　咏要死记硬背那些史地政的教科书。

　　诗诗自愿成了他的小帮手。杜咏背，诗诗拿着标准答案帮着检查。咏常常背得驴唇不对马嘴。

　　高考临近了，我和鸣心也有些着急，嘱咐咏儿抓紧时间复习。

　　诗诗几乎带着哭腔跑过来对我说："妈妈，杜咏怎么到现在还是分不清楚列宁和托派！"

　　最后，杜咏以高分专业课低分文化课考入了中央音乐学院作曲系。

三、爱神的午后

我们家每一个人都有失去的亲人。

奶奶年轻丧夫守寡一生。

鸣心少年丧父中年丧妻。

我从小长在单亲家庭，生父的印象就是一个穿棕色皮鞋的影子。

杜琴、杜咏略好些，但也有限。过了十几年表面完整的家庭生活，不料双亲性格不合，家庭战争经常上演，战争结束的代价是病痛夺走了母亲的生命，姐弟俩经历了失去母爱的孤零。

小女儿诗诗自幼跟着我东飘西荡饱尝了情感的冷暖不均。

我们六个人都经历了残缺的家庭，每个人都受过失亲的创伤。我们七零八落地走到一起，面貌全非，已不是原装原配。

命运把我们重新捏合在一起，我们不想继续过去的日子，都希望以后的生活好起来。

我们是六人之家，两个阵营，怎么才能共融一体，谁也没有把握。

我和鸣心是相爱的，但这仅是薄弱的保证。我们要扩大爱，爱这个家庭中的每一个人，释放我们全部的感情能量，让阳光照进这个家庭的每一个角落，让家庭中每一个人的心都能沐浴在温暖中。

我到这个家中的第一个冬天的某天午后，太阳暖暖的，奶奶洗了澡，坐在窗前晒太阳，头发不多，泛着淡银色的光，她用梳子轻轻地梳着柔软的头发，舒服地靠在藤椅上。

琴穿着浅粉色的毛衣斜靠在床上，身边摆着好几叠男朋友的来信。这些花花绿绿的信封信纸，是一个女孩儿的财富。

琴用手捧着它们，一遍又一遍地翻阅，表情非常珍重，也很骄傲。

琴是不允许任何人碰触那些信件的，谁也没有资格染指她的宝贝情书，她恐怕庸俗的人亵渎了她崇高的爱情，也不允许心怀不轨的人闯进来窥破了她神圣的秘密。家里倒是没有什么心怀不轨的人，在琴眼里我们都是不懂恋爱的情盲。

琴自我陶醉了好半天，忽然怀疑我们冷落了她的爱情，于是忍着"对牛弹琴"的痛，决定从信中挑些浪漫的诗句和段落朗诵给我们听，像分糖果一样，给我们解解馋。

算上我屋里共有四个听众，其中有两个是文盲：奶奶和保姆。

奶奶大字不识，但是孙女读什么都是最好的，是琴的头号粉丝。阿姨每天收取报纸，仅能看懂报纸右上角天气预报中的温度。

她虽如听天书，也知道"爱了"、"美了"是好听的话，听得很认真。

8岁的妹妹在旁边写作业，数学作业配上情意绵绵的诗歌朗诵，做起来特别带劲儿。

鸣心躲在客厅看报。别说读几封情书，就是打起雷来都撼不动他的。

杜咏跑过来做几个轻蔑的鬼脸，再跑回客厅弹几句贝多芬奏鸣曲给姐姐捣乱。咏只爱游戏机，"任天堂"、

"玛丽救公主"才是他的恋人。

琴不在乎听众的水平，朗诵得声情并茂，自豪和渴望两种神色在她的脸上流露着。

琴有着不容置疑的美貌，仿佛造物主在她美丽母亲的面容上又精琢了一次，更深刻更精致。靓逸的眉毛、深深的眼窝、芭蕾舞演员的细腰长腿，明亮的眼睛时时焕发着诱惑的光彩。

美人是和自信同生共长的，琴从出生那刻即被赞美的眼神包围着，耳边从未响起过挑剔之音，她的视野里也没遇到过冷落和轻视，琴从小就是群星围绕的月亮。

琴的男友多得数不清，确切说是追求者多得数不清。

有不少是青年才俊。清华大学的学生就有六七个，而且个个都是踌躇满志要干一番大事业的人。

有一个和琴爸有点熟识的人，甚至跑到家里提亲，发誓要在儿子出国深造前订下这门亲事。

这个既不携彩礼又不讲礼仪的求婚者，坐在杜家客厅高谈阔论，响亮的笑声震荡了整个房子，我只有躲进厨房呆上个把时辰。

当然，他的儿子是上不了琴的备选名单的。

有一次我听到懦弱的敲门声，打开门，一个满眼是泪的男孩站在门口。琴坐在桌前吃饭，头也不抬，那男孩在门口站了一会儿，丢下一封信就跑了。

心善的奶奶认定，这是世界上最好的男孩。

全家都羡慕琴的桃花运，只有咏经常拿姐姐的男友开玩笑。

有个疯狂的追求者，是个瘦高的男孩，表现得像个勤劳的打工仔，几乎包揽了家中所有杂务。

修家具、修电器、修自行车，帮琴粉刷房间、刷地板，只要琴一声召唤，上天入地无所不能。

他每天像上班一样来我家找琴。他一进门，保姆立刻紧张起来，生怕被他抢了饭碗，他一走保姆先松一大口气。

接着是咏跑过来嬉皮笑脸地说道："被利用的童小朋下班了？"

后来杜咏把这个男孩的名字由中国式三字名"童小朋"改成外国式大串名："被利用的·童小朋"。"被利用的·童小朋"很快又变成"被侮辱·被损害的·童小朋"或者叫"被爱情·冲昏了·头脑的·童小朋"。

小朋的父亲是中国著名的新闻报人，长期客居美国。

小朋的家世挺不错，人也有礼貌有教养。

他绝不甘心以一个杂工和男仆的形象出现在琴的面前。

他为了向琴展示自己高层次的另一面，臆造了一幅幅鸿图。

"我们正在和台湾秘密谈判。"

"我们主要的生意是核武器。"

"我们最近计划向台湾运大熊猫"等等，那时台湾和大陆还没有解禁，谁也无从了解他所言的真假。

天方夜谭的故事全成了杜咏嘴里的笑话。

我们常常在"被利用的·童小朋"走后审问琴："小朋又有了什么新的秘密生意？""他又要运什么？""往哪儿运？"

琴笑得扑在床上。

确实，琴真的不爱他。

星星爱着月亮，月亮戏谑着星星。在这月亮当空的银夜里，教琴如何不自傲，教你难以得到她。

只有我一个人知道琴爱谁。她的爱在远方，在很远很远的地方。

我亮出双管齐下的本事，一边听琴朗诵普希金的诗，一边跟奶奶学做汤圆馅。

先上锅炒芝麻，再用擀面杖将芝麻擀碎，一股香气冲上来后，芝麻碎拌上白糖，放一点豆沙，抟成团，如果不够粘再加一点花生油或水，然后开始包汤圆。

奶奶坐在藤椅上有条不紊地指教着我。

阿姨从厨房拿来一只红花盘子，一只不锈钢盘子，白白溜溜的汤圆齐墩墩地放在两个盘子里，好像两盘浮雕。

琴恰好读到普希金的名句："你若昙花一现的幻影，犹如纯洁之美的精灵。"声音柔美动听，非常投入。

迷恋厨艺的我联想为：钢盘里的汤圆是"幻影"，红花盘里的是"精灵"。

妹妹停下手中的笔，她不想再听姐姐的诗歌朗诵会了，姐姐的信和诗离她的喜好太遥远了。

爱神读累了，要休息会儿。

诗诗要开始另一个节目。

她打开一个小本，翻了几页纸，转了转手中的笔，开始问奶奶："你叫什么名字咯勒？"咯勒是湖北话的尾音，就像普通话的"了"。妹妹特别会抓住人说话的特点，模仿得维妙维肖。

"我叫周振英。"

"你几岁咯勒?"她拿奶奶当同龄人了。

"我 85 岁。"回答很认真。

"你的身体哪里不舒服咯勒?"妹妹在扮演一个医生。

"我的眼睛看不见。"爷爷抗日阵亡,守寡的奶奶没日没夜地哭,哭瞎了一只眼睛。

"那我给你开点眼药吧。"妹妹在小本子上胡写了几笔。

随手拿了瓶眼药水。

妹妹爬上桌,一只手扒开奶奶的眼皮,另一支手拿着药瓶,又轻又准地挤出一滴药水在奶奶眼睛里。

"诗诗点得最好,比阿姨点得好。"奶奶夸奖道。

诗诗兴奋极了,马上表演起她的医术,给奶奶量血压,数脉搏,开药方,忙得不亦乐乎。

一阵忙碌之后,意犹未尽的诗诗又掏出一个小本。

"周振英——"怎么对奶奶直呼其名了?我刚要制止她,听见她嫩声嫩气地问:"奶奶,你有男朋友吗?"

"我没有男朋友。"奶奶真是有耐心。

"那我给你介绍一个男朋友吧!"大爱神刚消停会儿,又冒出一个小爱神兴风作浪。我看了鸣心一眼,"始作俑者!"心里想。

诗诗简直是公开挑战爱情专家。

只见琴忽的从床上坐起："难道你想给奶奶介绍你的同学？"

大爱神下一句才真可笑："你的同学都是小屁孩儿，要介绍也应该是我的同学啊。"

小爱神连忙解释道："我不是要介绍我的同学，我想介绍便民小店的爷爷给奶奶。他人挺好的，我经常帮他算帐，我算得比他还快，他想让我做他的小伙计呢。"

小爱神进一步和大爱神热络。她带着一脸真诚对姐姐说："晚上我带你去便民小店，他们家有好多好多好吃的。"

接着又向姐姐报告了一大堆新品种冰淇淋的名字"美登高双棒"、"美登高香芋味冰淇淋"、"波萝渣渣"，还有新近上架的小零食"汾煌雪梅"、"汾煌无花果"、"太阳牌锅巴"、"雪龙汽水"，最后还有"袋儿凌"。

琴听得阵阵神往，不住地吞口水。

爱情诚可贵，情书价更高，若为冰棍故，二者皆可抛。大小爱神马上变身两只馋猫，凑头商量着晚饭后去便民小店买零食的事，说得有滋有味。

给奶奶介绍男朋友的事早忘得一干二净。

四、两个家厨（上）

一个男人，上半辈子有个会做饭的老妈，下半辈子有个会做饭的老婆，一半的幸福就搞定了。

照这个说法看，鸣心是个有福之人。

鸣心的妈妈善良得出奇，奇到像是传说中的圣徒。

她宽大为怀、温和谦卑，事事先想到别人，从不和人发生口角，哪怕自己吃亏。她尽己所能地关心他人，帮助他人。中央音乐学院的很多师生都知道她的品行，大家尊敬地称她"杜妈妈"。

杜妈妈的善良是源自内心的，没有一点虚假，没有一丝瑕疵。

杜妈妈有一双温暖的手。她会拉住每个来到我们家的人的手，真诚地请你坐下，请你喝水，留你吃饭。

每个人都会把自己心中拥有的东西倾倒给这个世界，

不论是邪恶还是善良，拥有得越多，倾倒得也越多。

杜妈妈的心里盛满了善良，她真诚地奉献了出来。

鸣心很早就和我讲过，他的妈妈有多么会做菜，做的菜有多么好吃。

芭团导演李承祥曾经尝过杜妈妈的厨艺，赞不绝口。非常精致的小碗蒸排骨，浓香的汤，可惜菜量太少了，吃了一顿半饱的好饭。

那时物质匮乏，沾点儿荤腥的东西都要凭票、凭证。杜妈妈用有限的食材，烹饪出美食真是需要智慧和一双巧手的。

我还没有见过杜妈妈时，先见到过她的菜。红烧肘子冻，切成一块块，每块大小入口正合适，每一块肉都带着亮晶晶的冻，味道咸中略甜，色泽红亮，整整齐齐地放在铝制小饭盒里，带给鸣心离家写作时吃。

我也吃过鸣心带来的芝麻糖，是杜妈妈做的，有黑芝麻的，也有白芝麻的，香甜脆酥非常好吃。

我是北京人，过年时只吃芝麻酱做的酥糖，或者祭灶时吃的关东糖（是麦芽糖做的）。芝麻糖让我领略了中国南方乡间的年味，为了这个香甜的记忆，我常常让春节回乡过年的钟点工带些芝麻糖来，可始终没找到杜妈妈手工芝麻糖的味道。世道变了，味道也变了。

我见到她老人家时，她已经很苍老了，背已经驼了，有一只眼睛全看不见，另一只模模糊糊，她已经不能上灶炒菜做饭了。所以我没有见过她做饭，不上灶并不意味着远离厨房，她仍然在厨房进进出出，帮着拿筷子拿碗，收筷子收碗。

我是初冬时搬进杜家的，阳台上晾了很多大白菜。北京人冬天就是吃白菜，为了应对漫长单调菜季，想办法把白菜吃出花样来。

杜妈妈也有自己的花样，她把白菜帮子掰下来，简单冲水，放在笤箕上，端到阳台的阳光处晾两三天。白菜有点疲软时，切成小方丁，用盐腌上两天，稍微掺点水，用一点辣椒和花椒烧上热油浇在白菜丁上，咸咸脆脆，又下粥又下饭。

看似不起眼的腌白菜，让我看到了杜妈妈的灵思细巧之处。她能把最普通最流俗的事做得出彩，我心里不由得一阵敬佩。

在杜家厨房，我还认识了一个物件：笤箕。我们北方人叫簸箩，南方人叫笤箕，我索性叫它"烧鸡"。我用这只"烧鸡"洗米、洗菜、控水、晾干，用了很多年。

我做了杜妈妈厨艺的门徒，算是杜妈妈的关门弟子。

杜妈妈当然不会教我腌白菜，她教我腌腊肉。她用酱油腌肉，放花椒大料白糖白酒，泡几天，每天翻一翻，然后拿到阳台去晾，有七八天就好了。吃的时候蒸一蒸，切成片，配着白米饭真是香极了。

湖北人爱吃的莲藕排骨汤、糯米丸子我也学会了。

我最感兴趣的是向杜妈妈学做汤圆。她坐在藤椅上一步一步地指导我：先炒芝麻，再把芝麻碾碎，放糖拌馅，再放些豆沙进去，和糯米粉，包汤圆。我学得兴致勃勃，有一阵几乎每天饭桌上都有我包的汤圆。

我在厨房施展厨艺时，杜妈妈是我的最佳顾问。炖的肉汤熟不熟，她从来不需要揭锅看一看或尝一尝，只要站在锅前一闻味道就知几成熟。当菜肉混合成一股浓浓的香味扑鼻而来，汤就是好了。连味道的咸淡杜妈妈都是用鼻子闻的。

我工作的学校在回民聚集区牛街，回民很擅长做各种各样的小吃，江米年糕尤其做得好，杜妈妈生长在南方，对糯米食品有特别的喜爱，我常常买来给她吃。

上班出门时，我倚着门，问一声："奶奶，今天吃粘米的？还是粘面的？""粘米的"（或者是"粘面的"），她说。两种年糕经常换着吃。都用红豆馅一层一层铺上，蒸热了很好吃。

平时，都是我下厨做菜，小阿姨打下手。我比较会做鱼，红烧鱼做得拿手，多次赢得了杜妈妈的赞许。

杜家人爱吃肉，属无肉不饱一族。好在食品供应好了起来，可以买到不凭票的肉了。我们家的伙食丰富了起来，鸡鸭鱼肉可同时出现在餐桌上，两个孩子再也不用为争吃几根肉丝吵架了，小阿姨也可以和我们一起大快朵颐。杜妈妈常常边吃边感叹："吃得那么好，花钱太多了。"嘴上那么说，脸上却掩盖不住由衷的快乐。

杜妈妈太宠爱她的一儿一孙音乐家，还有漂亮的孙女，她在我们家培养了一群以鸣心为首的、远离庖厨的馋猫。

天还没亮，杜妈妈就在黑暗中摸索着起床了，她轻轻叫醒小阿姨，给诗诗买油条。杜琴正在准备出国留学，早早地起来去语言大学上课，吃个煎蛋就跑了，诗诗跟着姐姐之后也走了。接下来杜妈妈开始叫她的宝贝孙子咏儿起床。这是一个漫长艰难的工作，从 6 点开始叫，怎么也叫不醒，有时叫两个小时，有时叫三个小时，最长能叫四个小时。奶奶不敢大声叫，恐怕吵醒睡懒觉的儿子，睡懒觉的孙子在奶奶轻轻的呼唤中睡得更香，我在另一个屋里听得直发笑。

春节时，我总会去稻香村买些百果年糕。我用油煎，年糕遇热就变稀化开来，弄不成形。杜妈妈就叫我打一个鸡蛋，调好后，用年糕裹一层蛋液小火煎，煎出的年糕不散不化，外焦里嫩。这个方法我沿用至今，年年春节餐桌上少不了一盘百果年糕。

杜妈妈是个精心细致的人，她的眼睛几乎失明，吃鱼的时候却能把刺吐得干干净净。不论吃什么东西，桌子上都是干净利索的，绝对不会乱扔乱洒，一看就是个讲究用餐礼仪的人。

鸣心有时在家请客，我风风火火地在厨房煎炒烹炸，杜妈妈则一声不响地坐在屋里择菜。嫩绿的菜心码放整齐，豆芽掐去根，剩下胖嫩的身子，白净净的放在盘子里。择好菜摆餐具，大小杯子亮晶晶的摆成排，杜妈妈的头发在阳光照耀下散发着银色的柔光，脸上一团慈祥，一切都在和谐中。那一刻，我清楚地看到了，贤惠是杜妈妈最美丽的真容。

我可以想象杜妈妈当年是多么勤劳的一个人。她每天提着菜篮，买菜做饭，她的手脚不会有一刻停闲。无论多么简陋的食材经她的巧制，也能像模像样的摆上桌。杜妈妈做家务没一丝含糊，衣服洗得雪白透亮，桌子擦得锃亮可鉴。

厨房是家庭快乐的源头，餐桌上的快乐就是家庭和睦的象征。

一个能把穷日子过得风生水起，一日三餐弄得活色生香的女人，就是天下最有智慧的女人。杜妈妈的艺术之道全部表现在平凡的家庭生活中。她年轻时生活太困苦，没有机会成为文化人、艺术家。她把艺术的天份贡献给了厨房，如果说吹拉弹唱是艺术，烹调美食同样也是。音乐有动人心扉的力量，美食对身心的触动更不在话下。况且杜妈妈还把自己的艺术潜质和聪慧传给了后代，哺育了两个音乐家。

本来，杜妈妈的人生完全可以是另外一种景象的：伺候丈夫，操持家务，养儿育女，闲时逛逛戏园，坐坐茶楼，打打麻将，一辈子过着无忧无虑的小康之家的生活。

战争毁掉了杜妈妈的一切，改变了她的命运。丈夫在前线阵亡，鸣心那时只有9岁。一个三十出头的女人，失去了家，失去了爱，失去了生活的来源。孤儿寡母悲惨地回到老家，鸣心太小不会给妈妈排忧解难，陪伴杜妈妈的只有漫长的"冷窗望寒月，长泪守残烛"。

男女平等、一夫一妻制在中国推行还没有 100 年，立法也不过几十年。旧时代，妇女社会地位低下，寡妇在农村是受到歧视的。

杜妈妈生活在妇女受辱的年代。在他们母子分离的 10 年中，杜妈妈究竟受了多少冤屈，尝了多少愁苦，她从来没有向我们吐露过，我们几乎不知道。这成了鸣心最大的心痛还有遗憾。

杜妈妈把心底的悲伤和痛苦永远带到另一个世界中去了。

五、两个家厨（下）

做杜家家厨，绕不开说粥。

据《黄帝内经》的说法，胃是五脏六腑之海，生精气才溉五脏。喝粥，有润胃暖胃的作用，五谷养胃养人，喝粥使血脉流通，不易生病。

呜心日食两餐，起床时已经是中午，第一顿饭是早午合餐。

他每天第一餐饭一定是喝粥，已经有 20 多年了。

他喝的粥简单，绿豆、小米、玉米渣、大米混合在一起，煮得很烂很粘。那种广式早茶中的皮蛋瘦肉粥、牛肉窝蛋粥、鱼片芥兰粥等眼花缭乱的粥不是他的粥，他不会喝。

每天中午喝绿豆粥，仅佐以简单的小菜。凉拌黄瓜、炒时令蔬菜，有时一个馅饼，有时一个肉包子或豆沙包足矣，粥要喝上三大碗。

晚餐是绝对不能含糊的，照他的话说这是一天中唯一像样的一餐饭。

像样的饭，先要有像样的汤。

于是，我常做莲藕排骨汤、鲜笋老鸡汤、萝卜腔骨汤、冬瓜丸子汤。以前喝牛肉汤，后来我觉得比较腻，在洗碗时发现牛肉的脂肪最厚，用很多洗涤灵才能洗净锅碗，下水道也不顺畅。为了避免血管也像下水道那样被牛油腻住，就很少喝了。

我去过一次耶路撒冷——因为接受了犹太亲友的邀请，参加一对双胞胎的成人礼。去的时候正逢巴以交战，很多人不敢坐飞机，我于是坐着一架半空着的飞机去了以色列。

我下了飞机之后，被安排住在一个素食公寓。公寓规定任何肉制品奶制品都不得带入房间，也就是说这幢楼里除了人身肉躯之外，什么荤腥都不能有。

犹太人办成人礼很隆重，一套一套的仪式，分几次在几天内才能完成。

我先参加了周五晚祷会，在礼拜堂。进入会场，看见他们围成一个圈坐，点着蜡烛，每人拿一本经书，由拉比（犹太教的神职人员）带着念经。经文有时念，有时唱，每个人都是一脸的虔诚，说唱都用希伯来语，我半个字也听不懂。

但是这对我来说并不陌生，这使我想起了少年时经历过相似的情景。当年我们也是围成一圈，每个人手里拿一本小书，边读边唱，谁也不敢走神，唱错念错会惹上大麻烦的。

不同的是犹太人手里拿的是黑宝书，我们拿的是红宝书；他们在教堂，我们在教室。

犹太教徒太能唱了，我听得饿过了劲，才开始吃饭。

念经我不懂，吃饭我懂。几天的犹太饭吃下来，学到了不少知识。

犹太人要吃"洁食"（Kosher），他们在饮食中有许多禁忌，有许多不能吃的东西，天上飞的地上跑的有多一半不能入口。

我感兴趣的是犹太人吃饭的规矩。比如，肉和奶不能同食，还不能同时出现在餐桌上，要相隔六小时以上。比如，吃鱼就不吃肉，吃肉不能吃鱼，简单总结下来就是餐桌上只能容纳一种荤食，像中国人那样大鱼大肉同时上桌是绝不允许的。一荤多素是犹太人的饮食风格，无论多大的排场，素的食物很多，各种蔬菜水果琳琅满目。

排除宗教原因，我认为"洁食"和这种种规矩是人类饮食健康之道的一种。我的中东之行没取来圣经，没取来古兰经，取来了食经。

鸣心是肉食爱好者，他常常要求红烧肉之后再加上一根广东香肠。有一次我们先吃过饭了，他有事吃得晚些，我就听见他一边吃一边抱怨"这是什么饭，连点肥的都没有"。素菜稍多一些，他马上就会对我说："你就对付我吧。"

我说服了鸣心，在家废除了一餐两荤制，开始实行一餐一荤制，节假日家庭聚餐或请人吃饭除外。

我做菜不用味精、鸡精，追求食物原汁原味，调料使用极为简单，食材尽量不混搭，不杂烩，保持一菜一味。

我每天买新鲜的蔬菜、新鲜的鱼和肉。荤汤配素菜，荤菜配素汤，不让第二道荤食上桌，不吃反季节蔬菜，不吃加工或半加工的超市食品。除了保存一些饮品之外，冰箱尽量的空，满满当当的冰箱会使我感到不安，空空荡荡的冰箱才让我心安理得。

我妈妈这样说过我："这人爱什么，她就会做什么。"我爱吃，也爱做。

我的厨房生涯起始于很小的时候。我喜欢在厨房看我姥姥我妈妈做饭，我姥姥扔给我一小团面，打发我在案板旁边玩。我拿着面团包包子、包饺子、拧花卷、擀烙饼，直到把一个白面团揉成黑煤球。

我初来到杜家，心里没底，不知道能不能和鸣心的家人搞好关系。未料想我遇到的不是些性格复杂的人，而是几个心地纯朴的馋猫。我大举施展厨艺，煎炒烹炸极尽所能，搞定了几只馋猫的嘴，俘获了他们的心，也站稳了自己的脚跟。

炒菜做饭是家庭劳动中给予性最强的一种，最能体现奉献精神。一桌菜能满足一家人的胃，食欲的快乐直抵精神，影响心情，能赢得全家人的欢心。

琴和咏是我的拥趸，什么菜都说"好吃"；诗诗对我的评价褒贬参半，她的评价常常是"不错"、"一般"、"不爱吃"；鸣心则像个评审专家，一边吃一边提意见："这个可以再放点大蒜"，"那个可以再咸一点"，"油不够多"，"肉馅太干了"，"块儿切大了"，"丝切粗了"……我表面点头，心里不服："有本事你倒是做一个。"

鸣心是个充满生命活力的人。走起路一阵风，骑上车一溜烟，进厨房锅碗瓢盆一阵乱响，我经常被他的动静惊到。

每逢家庭聚会我们都很兴奋。我要计划、要准备、要采买、要上灶；鸣心则是要审查、要主持、要点评。

他躺在床上，我站在床头向他汇报。我把拟定的菜单先汇报一遍。

糖醋小红萝卜、炝拌粉丝绿豆芽、黄瓜丝拌海蜇、手工腊肉香肠、干烧大黄鱼、娃娃菜炖蛋饺、葱姜龙虾、火爆猪肝、烧二冬、清炒绿菜心、韭菜鸡蛋水饺、八宝饭。

这是某个大年三十的菜谱，鸣心审核之后，指示再加一个软炸虾仁。菜单被批准通过了，鸣心接着睡觉，我则到厨房去准备了。

冬天来的时候，我一定会做腊肉，这是杜妈妈亲传的。鸣心总是叫我分一些给朋友们和家里的钟点工，或者请最好的朋友来家吃饭。

有一年腊肉刚刚做好时，鸣心请家庭朋友聚餐，菜单如下：

四色小菜：酸甜萝卜、豆腐干拌香片、盐水花生米、四宝辣酱；主菜：干烧明虾、蒸腊肉；素菜：清炒蚕豆、清炒豌豆尖；压桌汤品：腌笃鲜。无酒水，无甜品，吃得宾主尽欢，鸣心很得意，觉得很有面子。

我这一生就渴望做个艺术家，可惜我心性浮躁，缺乏刻苦的精神，加上天资欠缺，艺术家之梦就是天方夜谭。

但是我梦虽断心不死，我在厨房中开启了"艺术家生涯"。炒菜做饭见效快，用不着苦心磨难，饱受寒窗之苦。切切摆摆，煎煎熬熬，个把时辰即见成果。而且是低成本运作，不需要交纳高额学费，也不需要四处求艺拜师。

当我端出一盘色香味俱全的菜走向餐桌时，自我感觉就像是端着一件艺术作品，其成功和喜悦的心情不亚于成功举办了一次画展或一场音乐会。

我爱做菜，声名远播。我到美国去看望琴时常常在家里宴客，请外国人吃饭并不麻烦，因为老外许多东西不吃，常做的也就那几样："宫爆鸡丁"、"葱爆牛肉"、"清炒虾仁"之类的。

但是请外国客排场规矩很多：杯盘刀叉要摆放严格，

餐桌布置要美观而艺术。琴和她先生在餐厅精心布置，不厌其烦。

一次和拉尔夫（琴的先生）一起去中国超市买菜，我看见新鲜的蒜苗马上买了一把，因为琴特别喜欢蒜苗炒肉丝，而蒜苗在美国超市不常见。

拉尔夫问我，这个东西什么味道，我说属于葱蒜之类的味道。他指了指洋葱，我摇了摇头，他又指了指小葱："他们是 brothers（兄弟）吗？"我有点勉强地动了下眉毛，他好像突然明白了："那他们一定是 cousins（表兄）了？"我实在解释不清，顺手指了指大蒜："他们的关系应该更亲密些。"就这样我们俩带着大蒜的兄弟，小葱的表哥——蒜苗走出了超市。

妹妹的好友珍妮也是千般请我去做中国菜，我还出了"外烩"。

我像个出场堂会的演员，但是没有报酬。

出场做饭的时候"9·11"刚过四个月，美国公共场所戒备森严，我提着油盐酱醋一堆瓶瓶罐罐从琴家坐地铁到曼哈顿。

我精心打扮了一下，穿上琴刚给我买的新裙子，化了淡妆。出门前我对琴和拉尔夫说："你们做好准备，今天万一不小心在地铁里打碎调料瓶,我可能会在纽约警察局过夜了,千万想办法营救我。"

拉尔夫笑着说:"这我们倒不担心。你穿这么漂亮去做饭,我还是借给你一枚戒指戴上吧,我怕有美国人向你求婚。"

六、人生忽如寄　抱紧音乐行

鸣心的钢琴弹得好，上课时学生的作品都是他当场视奏，一边弹一边分析，指出不足。学生写不下去或者写得不顺畅时，他就接着学生的作品往下弹一段。

几个台湾音乐家来家里拜访他，恰巧碰到他上课，简直佩服得五体投地："我们全台湾也没有这样水平的作曲先生，所有学生的作品都能当场视奏。"

我旁听了他无数节课（在旁边的房间听）也没学会一点什么，唯一能领悟到的是，作曲家要用有限的材料，在严格的形式限定中完成一件空间无限的作品。这对于缺少想象力的人来说实在是太难了。

俄罗斯是鸣心创作学习的起点，也差点成了他音乐事业的终点。他在莫斯科音乐学院期间，是二战后红色苏联最强大时期。艺术虽然受到意识形态的相对制约，但是由肖斯塔科维奇、哈恰图良、卡巴列夫斯基等一批优秀作曲家统领的俄罗斯乐坛，依旧是一个生机勃勃的世界。

鸣心有幸来到这个世界里，投入了火样的热情，努力学习，成绩也很优秀。

几年过去之后，鸣心非常渴望学习生活更丰富一点儿。

身处社会主义大本营，完全是近水楼台，是深入研读马恩列斯共产主义理论的好机会。课堂上没读明白的俄共发展史之类的政治理论教科书，也可以寻找各种机会认真修补。

可惜，鸣心天生不具备政治头脑，他的政治敏锐度是零，他从没有考虑到选择学习一些对于一个中国人的前途更为重要的东西。

他擅自做主地学习了俄罗斯人的生活方式，对西洋的生活方式表现了特别的兴趣。他学喝咖啡，郊游度假，喜欢跳交际舞，热衷参加各种聚会，甚至大胆追求俄罗斯姑娘。

鸣心头脑简单，是个身后不长眼的人。

他只顾着迷恋眼前晃动的蓝眼睛、绿眼睛、灰眼睛，完全没注意到身后盯视他的黑眼睛和红眼睛。他忘记了自己来自何处，他引起了同行的嫉恨，触犯了派送者的忌讳。

他喝了不该喝的咖啡，谈了不该谈的恋爱，被人举报，遭到了中国同学的围攻式批判，断送了即将就要完成的学业，踏上了未学成便归国的道路。

鸣心回到国内，没脸见人，觉得这辈子都完了。

他失去了往日的风光，过上了被人指指点点的日子。中央音乐学院作曲系没有安排他教作曲主科，只是让他教一点作品分析课。他本不擅言辞，课教得干干巴巴，学生提了不少意见。

有一天鸣心走进一个教室，碰到几个人正在传阅一份《参考消息》，那几个人看见他进来连忙把报纸掖起来，恐怕他看见这份象征着政治身份的报纸。在大家眼里，鸣心是没有资格读《参考消息》的。

1959 年为庆祝中华人民共和国成立 10 周年，《鱼美人》大张其鼓地开始排练了，所有相关的人员都跃跃欲试。置身灰暗角落里的鸣心，只能眼巴巴地看着，没有人能想起他。

由于时间太过紧迫，承担《鱼美人》的作曲家吴祖强先生无法完成超量的写作，情急之下，他推荐鸣心援手。

俄罗斯导演也非常焦急，没有质量保证的音乐，舞剧是不可能完成的。在这种情况下，国内许多作曲家也纷纷迫切要求加入创作。

面对紧急的情况，俄罗斯导演坚定地提出一个要求，《鱼美人》的音乐只能由俄罗斯音乐学院作曲专业留学生担任。

鸣心本就未学成归国，又犯了严重的错误，此时却突然变成了写作的唯一人选，组织上抱着试试的态度，谨慎地起用了他。

鸣心从被遗忘的角落站起来，忘情地投入了创作。

他拨开狭小的夹缝，透进光明，呼来春风，引入清泉，渐渐地晕染出一个温暖的小世界。

他不眠不休地抒放情思。五彩斑斓的海底世界，仙女翩然起舞，水草珊瑚仙姿摇曳，万物皆被音乐赋予灵性，海底世界一片奇幻绚丽。

他用音乐描绘了高山大海，日月星辰；他跨越了禁忌，描绘了曾经令他一败涂地的爱情。在他的笔下，黑暗终将过去，剩下的只是光明美好。

舞剧《鱼美人》终于风光地诞生了，上下一片叫好。

消息很快传到莫斯科，当年批判鸣心的组织者、围攻者面面相觑，甚为惊讶，连忙送上虚假的祝贺。

报效祖国这等好事，理当由思想好觉悟高、学成归国的音乐家来完成，没想到一个未学成归国的人，抢先报效了祖国。

人人梦想的机会居然落到学业未成的杜鸣心手里。

一部舞剧的写作，使落入谷底的杜鸣心复活了。

鸣心的音乐创作激情是被"鱼美人"再次唤醒的，鸣心借"鱼美人"重新浮出水面，和"鱼美人"一同回到人间。"鱼美人"是他的幸运女神，是"鱼美人"成就了他的今天。

每个作曲家都有写作黄金期。通常，40岁左右是创作的黄金岁月。

可是杜鸣心10年间只写了一部作品《红色娘子军》。他奉献的是黄金，是青春，得到的是难以磨灭的红色烙印。

鸣心告诉我，他创作精力旺盛，写《快乐的女战士》仅用一个多小时。

《万泉河水》二稿修改时，他一晚上能写将近10首旋律。

他穿样板服，吃样板饭，写样板戏，过着军营式的日子。

在幽闭阴暗的工作室，奉旨写作，待命修改。

为了一部作品，作曲家无辜地消耗着时光和才华。

他战战兢兢地写着斗志昂扬的音乐，小心谨慎地谱写红色战歌。绝不敢在音乐中轻举妄动——偏离了红色基调就会惹下麻烦，轻则音乐遭"枪毙"，重则卷铺盖滚出样板团，到农村接受劳动改造。

灾难还是防不胜防。

样板戏旗手、明星夫人听了《万泉河水》，感觉不对味，马上联想到30年代的音乐家黎锦晖。

带点洋味的《万泉河水》可能使她想起了混迹十里洋场的日子——那段她一直避免提及的日子。总之她被戳痛了。

鸣心小时候的确听过黎锦晖的歌曲，《桃花江是美人窝》《妹妹我爱你》《毛毛雨》等。

鸣心的爸爸是个流行音乐的爱好者，家里买了一架手摇唱机，闲暇时常常放各种流行歌曲听。

作曲家创作时受到某种音乐的影响是有可能的。音乐语言并不是孤立生存的，具有很强的互融性。

事实上，杜鸣心在写作《红色娘子军》时已经形成了自己成熟独特的音乐语言。

明星夫人的联想关乎政治，对作曲家来说是致命的。

果然，可怕的日子来了，老《万泉河水》先遭枪毙，再让重写，如果写不好，必将遭到严重惩罚。

鸣心吓得夜以继日地写《万泉河水》。一夜间几乎写了近十首旋律。

样板团的音乐家也都拿起笔，如同上战场，人人都写《万泉河水》。

百十位音乐家，同时拿起笔写一首歌，也算中国音乐史（甚至是世界音乐史）上的奇观了。

经过严格审查，精挑细选，杜鸣心的《万泉河水》再度胜出。

他被允许回到小工作室，如蒙大赦，浑身都瘫软了。

革命的题材和政治形势虽令人畏惧，却无法抹杀作曲家与生俱来的音乐禀赋，自由的想象与理想的追逐永远存活在他们的笔端。

《红色娘子军》的作曲家们，在音乐中不自觉地融入了个人的追求。今天听来，音乐仍是那么新鲜，充满活力。全剧的音乐处处流露着青春的畅想和深情的感念。

十年光阴流转，诸事皆成蹉跎。

鸣心的音乐生涯流离颠沛，关键时刻每每是音乐挽救了他。音乐令他化险为夷，使他屡屡逃离命运之厄，绝处逢生。

杜鸣心的重要作品《鱼美人》《红色娘子军》、钢琴协奏曲《春之采》，均属于用音乐创作求生存、解脱困境、释放苦闷、追求精神解放的力作。

30年前，在红色音乐中浸染了多年的作曲家，迎来了改革开放的大潮，又惊喜又好奇。

为了适应新的生活，大家纷纷忙于脱色——脱掉身上乱七八糟的颜色。最污糟糟的颜色莫过于贫穷的颜色。

刚脱离了红色世界，又卷入经济改革的大潮，虽然没有迷失，仓促急切而缺少静思的生活，对作曲家来说还是有几分悲哀的。

鸣心顺潮流为脱贫致富写了一些应约之作，他甚至还做过"扒带子"的事情。

勤奋和努力使许多作曲家丢掉了贫困，过上了体面的生活。

除了应时之作外，闹中取静的作品鸣心也写了不少。

如《第一小提琴协奏曲》《第二小提琴协奏曲》《第一钢琴协奏曲》《第二钢琴协奏曲》《第三钢琴协奏曲》《牡丹仙子》（舞剧）《玄凤》（舞剧）《对阳光的忆念》

《第一第二第三交响序曲》《长城交响乐》……

近年来，纯音乐成为鸣心创作的主流。

他有心思考，距离世俗。

他紧紧抱着音乐，一路前行，以不变应万变。

《布达拉宫之梦》《凤凰涅槃》《天地之滇》《我亲爱的》……皆为近年来清心拂尘之作。

《凤凰涅槃》是2012年广州芭蕾舞团的委约作品。

我们把音乐录音寄给团长张丹丹。起初，张丹丹是冒着一定风险与杜鸣心签约的，因为她无法把握80岁的杜鸣心究竟能写成怎样？她迫不及待地听了鸣心的新作，并很快地打来长途电话。

"杜老师，我在听您的音乐。"

"我在流泪，我在哭。"

"我想跳舞！""我想拥抱你！"

真是不能不感叹音乐带给他人生的奇迹。音乐创作给了他尊严，给了他力量，使他坚强地承载着巨大的精神磨难，成功逃脱了形形色色的命运劫袭。

杜鸣心是用音乐创作求生存求解放的高手。

人生忽如寄，抱紧音乐行。

七、我不写陌生的音乐

我是一个不善持守的人。

我们身边游离着形形色色的新派作曲家和他们的作品。

我总希望鸣心多写些新奇的作品，别落在潮流之后或之外。我曾粗浅地把这些潮流认为是"创新"。

鸣心却坚定地对我说："我不写陌生的音乐。"

什么是鸣心眼里的熟悉音乐？我想那应该是一种可沟通可对话可交流的语言。如果用一种连自己都不能听懂的语言讲话，怎么能将这种语言讲给别人听？虚妄的语言又怎能凿拓心灵流汇呢？

所以每个作曲家都需要确认自己的心灵语言。

在这点上，鸣心是不折不挠的坚持者。鸣心的音乐热情又多情，有熊熊燃烧的烈火，也有满怀伤感的低吟。

你永远不会看到他坐在避世的屋子里，对着空灵的世界幻想。

受了鸣心的启示，我也在迷途中慢慢修行，寻找自己能够理解的音乐语言，在抽象中寻找具体，注重实实在在的表达。

从 2012 年到 2014 年，陪伴鸣心几度赴天津大剧院，观看斯坦尼斯拉夫剧院和马琳斯基剧院演出。歌剧有《战争与和平》《奥涅金》，芭蕾舞有《天鹅湖》《安娜卡列尼娜》《火鸟》《天方夜谭》《神驼马》等。

天津大剧院的舞台呈现了俄罗斯作曲大师的音乐群像。

俄罗斯的作曲大师虽然风采各异，但血脉喷张的俄罗斯民族精神在所有的作品中均获体现，令我们眼界大开。

俄罗斯有一个伟大的音乐世界，鸣心的音乐中也有那个世界的影子。

2015 年，鸣心在家乡湖北开音乐会。

排练结束后，我对指挥卞祖善先生说："杜鸣心的音乐总是令我联想起那个群体（俄罗斯作曲家），其他一些作曲家的音乐却不易联想。"

"你的感觉是对的，每个成熟的作曲家都有自己的脉络可寻。"

"杜先生是在俄罗斯学成的，不可能在另外的风格里伸展——那样才会是真的奇怪。"卞先生笑着对我说。

鸣心不善言辞，他的话全在音乐里说了，平日里话并不多，需要和外界打交道的话由我替他说。

我为他看守"传达室"兼做传声筒，熟悉我们的人都知道。

舞剧《牡丹仙子》的总监李博成先生，为了把这部戏搬上舞台，苦心用尽。

当他决定请杜鸣心写音乐的时候，已经把中国能写芭蕾舞音乐的作曲家筛了好多遍。

为了保险起见，他坚持让杜先生写了两段音乐感觉一下。

一般情况下鸣心是不会这样做的。不过为了表示对他尊重，认同他的谨慎，鸣心先写了一段双人舞，一段独舞，非常深情优美。

李博成拿到这两段音乐后，展开了大规模征询。

至今，我也不知道他究竟征询了哪些专家，我不便问他。

之后，他打电话给我："大家认为，杜先生的音乐俄罗斯味道比较浓。"他在试探我，希望我说点什么。

我心里有谱，杜鸣心自有的音乐语言早就形成了，是完全独立的音乐语言。有些人没有深入了解他的音乐，却喜欢给他对号入座。

我不紧不慢地说："我问你一句话，请你直接回答我好吗？你认为东西方的混血美人漂亮吗？"

"当然！"。

"那好，艺术不是孤立存在的，都有混合的特质。杜鸣心的音乐也是如此，有混合的色彩。他的音乐受俄罗斯音乐的影响，但并不是俄罗斯音乐，他的根在中国，仍然是中国音调为主体，并有独立鲜明的个性，你应该再好好听一下。"我接着说："杜鸣心的音乐适合编芭蕾舞，不是什么样的音乐都能够立起脚尖的。"

李博成是个聪明人，领悟力很强，做事痛快，合作也很顺利，我们再也没有讨论过这个问题。

后来李博成告诉我，他做过这样的实验，他把芭蕾舞《奥涅金》双人舞视频的音乐抽掉，配上杜鸣心的双人舞音乐，音乐和舞蹈竟然严丝合缝，简直就是《奥涅金》的又一个版本。国家交响乐团为《牡丹仙子》录音时，美国舞蹈编导诺曼·沃克坐在监听室，一边听音乐，一边用手比画舞蹈动作。

他转过头来看着我说："杜的音乐是有灵魂的音乐。"

鸣心写过不少有地域风情的音乐作品。

这种音乐的写作方式大约分为三种：一、先采风后写作；二、先写作后采风；三、纯闭门造车。

中国的作曲家尤其是老一辈作曲家们都经历过"艺术源于生活高于生活"、"生活是艺术的源泉"、"从群众中来到群众中去"、"和工农兵同吃同住打成一片"的日子。

鸣心是采风的先锋，写《沂蒙颂》时他去沂蒙山区体验生活。沂蒙山一穷二白，老百姓吃不上喝不上，每天只吃红薯面做成的煎饼，咬都咬不动。作曲家咬着煎饼，写出了《我为亲人熬鸡汤》。

鸡汤是沂蒙山老百姓多少年也吃不上的东西，比今天的鲍鱼燕翅不知金贵多少倍。我相信鸣心沂蒙山之行也没喝过鸡汤，熬"鸡汤"、喝"鸡汤"代表了作曲家和穷苦百姓对生活的共同奢望。

20世纪60年代，为创作舞剧《纺织女工》，鸣心亲自带队赴上海申新九厂采风，在纺织车间劳动，还学了几天接线头（几天下来他一个线头都没接上）。纺织女工的勤劳聪慧特别是灵巧的双手感动了鸣心，他写下了非常好听的《纺织女工》双人舞主题，后来更名《秋思》，香港唱片公司出了唱片得以保存和流传。

《红色娘子军》是先完稿，然后象征性地去海南岛转了转。由于采风不到位，先后倒错，不小心写了一首洋里洋气又充满孤独感的《万泉河水》，和海南风情不搭调。这首歌还差点捅了娄子，以至被第二首带有海南民间风味的《万泉河水》取代。

我有幸陪鸣心多次采风，南南北北的去了不少地方，每到一个地方都会有很多收获，很有意思。

随着经济社会的日新月异，纯粹的风土人情已经很难寻觅到了。高楼大厦为主题的城市建设，造就了一大批模样相同的城市。

从前触手可得的各种风貌消失了，仅剩的风俗被人为地打扮起来，用于招徕游客。艺术家陷入无风可采的境地。

谁不想食人间烟火？鸣心也不想闭门造车，可是没有办法。渐渐地，随着城乡格局的变化，空气在污染，民风也在渐变中，艺术家很难采到不含杂质没有污染的风情了，弄不好还可能采到邪风。

鸣心为广西交响乐团写《刘三姐幻想曲》时，广西交响乐团的音乐同仁特别热情地招待了我们。

广西民风朴素，传统景区桂林一带保护还好，尚且称得上"江作青罗带，山如碧玉簪"。

出了桂林继续南行，我们观看了一些民间歌舞的表演。少数民族的少男少女在舞台上载歌载舞，服装特别鲜艳，服饰也很讲究，脸上厚厚的脂粉使人难辨真容，电子音乐震耳欲聋。一曲唱罢，演员们纷纷涌到客人面前沏茶倒水，称"压惊茶"。喝完"压惊茶"，惊没被压住，反而弹高了——高得离谱的茶水钱才是表演的压轴节目。

采风变成一路与生意人打交道的过程：卖茶的、卖土特产、卖珍珠的、卖根雕的、卖养颜美容药的、卖长生不老药的……我们不厌其烦地应付着各种生意人。

最后一站来到北海，终于见识了更惊人的生意。

黄昏时我们来到北海银滩，海滩上人很多，三五成群，像个热闹的集市。走近一看有许多坦胸露背的女人，性感开放，每个人脸上都涂着又厚又白的脂粉，猩红的嘴唇挂在白脸上。

除了在电视上看过的电影明星争奇斗艳走红毯，这么多穿着开放的女人（还在我们身边走来走去），算是生平第一次见识。

我们很快被微笑和招呼包围了，鸣心习惯性地回复了点头和微笑，立刻有很多女人像苍蝇一样飞来。她们训练有素地站成半圈，每个人都摆出搔首弄姿的造型，目标是达成交易。

我低头拉着鸣心冲出包围圈，快步走出海滩，心砰砰地跳。走到一个距离海滩较远的茶座，要了一壶茶，朝海滩远远望去，攒动的人头屏蔽了辽阔的海景，只听见隐约的海浪声，空气中飘着一丝丝咸腥的气味。

我对鸣心说："我们马上回北京吧，采风到此为止了，再采下去，'刘三姐'要变成'刘小姐'了。"

坐上飞机，梳理着往日采风的历程，脑海里像过电影一样。

1996 年，我们和舞蹈学院的张建民老师去敦煌采风，应广州芭蕾舞团之约，创作芭蕾舞剧《玄凤》。

《玄凤》是张建民担任编创的第一部舞剧，对他来说十分重要。

对鸣心来说，《玄凤》的意义在于，这是鸣心继

"文革"结束后创作的第一部大型芭蕾舞音乐。鸣心第一次脱离集体创作舞剧音乐的模式，不再共同署名，独立担纲。

两个"第一"者加上我，一共三个人来到敦煌大漠采风，每天吃过早饭我们就到处游览，我们最喜欢的是敦煌沙漠。

太阳给沙漠染上一层金灿灿的颜色，波纹状的沙路上蜷伏着巨大的沙丘，延绵壮阔。沙海几乎淹没了所有的声音，少云的天空中不时吹来一点点凉风，三个农民牵着骆驼默默地走在我们之后，六个人加三匹骆驼好像一支沙漠探秘寻宝的小队伍。

鸣心和张建民在沙漠中静静地走了许久，很多天来他们俩一直在寻思着那只"凤凰"踪影，有时脑子里似乎有只若隐若现的鸟，但始终不清晰，尤其看不到一只有神采的"凤凰"。三个牵骆驼的农民让骆驼在沙地上卧倒休息，人也跟着蹲下来，摸出烟卷悠闲地吸着。我袖手站在一边，远远地望着他俩的背影，心里总希望能出现点什么。

突然，张建民掏出一条蓝绸甩上天空，忘情地跳起舞来。他伸展俯仰随心所欲，蓝绸上下翻飞飘转，猛烈的舞步使脚下腾起阵阵细沙。

　　顿时，我们看呆了，蓝绸宛如沙漠中涌出的一汪清泉，尽情地倾泄，又像从天空中探身而出的蛟龙，上天入地，在沙漠中狂舞。

　　鸣心的脑海里即刻出现了音乐的激唤，他情不自禁地追逐着飞舞的蓝色。阳光为蓝绸披上五彩斑斓的颜色，华美而灵逸的光色夺目耀眼，吸附着沙漠间所有的色彩，倾刻化做一只美丽的凤凰在金色的沙漠里展翅飞翔！

八、温暖的伤感

"鸣心，我想去屯溪。""什么？无锡？""屯溪！"
"淳溪？""屯溪！""图西？""屯溪！""泸西？""屯溪！"
"噢，是屯溪。""屯溪在哪？""不在哪，我又不想
去了。"

这是我们最近的一段对话。鸣心的听力衰退了，许
多话要讲几遍，他才能听见。说起有点伤感，听力是音
乐家的首要能力，当听力渐行渐远时，衰老也渐行渐近。

但是我们之间没有发生那种一个扯着嗓子喊，一个
伸长耳朵听的景象。我们都明白从此更加需要耳鬓厮磨
了。他的声音依旧柔和儒雅，岁月和衰老并不能剥夺天
性里的风度，遇事我要对他多说几遍。

鸣心写作全靠内心听觉。铺上总谱纸，避开听不清
楚的世界，带着窗外的风景，带着心里想说的话，进入

耳聪目明的音乐之家。

命运究竟是可抗拒还是只有顺从？面对难以抗拒的力量时，幻想也许可以成为解锁命运的钥匙。音乐写作是可以无限扩大与渲染幻想的力量。

鸣心的创作始终在幻想的求索之中，借用音乐创作舒缓人生的困苦。幻想不是一剂猛药，鸣心的特点是以温和的伤感摆脱困境。

如果不是音乐的拯救，鸣心的人生将会一次又一次失去希望。鸣心从战乱中走过，历经了失亲的痛苦；从青春的迷茫中走过，从无辜的逆境走过，失去了人生太多的快乐。

崩溃和泄愤有理由成为他音乐表达的选项，可是他没有，他选择用音乐捧出一片片温暖，亮出一束束鲜花。

不过，鸣心捧出的鲜花和温暖都蕴含着伤感的色彩。他的伤感不单调，有希望的色彩；不冰冷，有温度在其中。

鸣心喜欢我称他的音乐"温暖的伤感"。我问他："你能说说，你的音乐中有多少这样的段落吗？"

鸣心马上听得清清楚楚，完全不像本文开头的"屯溪"之争了。

"无情不似多情苦，一寸还成千万缕。"

他开始数家珍。

"1959年写《鱼美人》，也是首部大型创作，受1958年回国事件的影响，压抑的心情自然流露。'鱼美人'的主题，隐约感觉到哀伤的成分，迫切向往幸福美好。"

"另外，在海底世界的'渔灯舞'用同名大小调的转接，哀伤的情绪非常清晰。"

"60年代初，电影《以革命的名义》插曲，'热带的地方'由片中俄罗斯诗人唱出，是俄罗斯风格的。"

"《红色娘子军》第一稿万泉河水，弦乐加人声，后来被枪毙了。"

"《第一小提琴协奏曲》第二乐章。"

"钢琴协奏曲《春之采》第一乐章的副部主题。"

"芭蕾舞剧《玄凤》的几个抒情主题和双人舞的主题。"

"芭蕾舞剧《牡丹仙子》的音乐主题和'最后的双人舞'生离死别的意境，悲伤的情绪更浓更重。"

从这个角度思量鸣心的创作，不需要悲情论，也不需要神圣化。这个世界有多少位内心伤感却手握温暖的音乐家？张开手即把温暖传递给听众的作曲家又有多少位呢？

鸣心天生一颗钟情而伤感的心，他曲折的经历为音乐创作设定了情景。他所渴望的爱情并不是寄情于某个女人，或者寄情于某一段恋爱，他只是爱上了爱情，深深地爱上了一种升华的感情，并真诚地用音乐来追求这个境界。

我们曾经习惯把人称为好或坏，把事情说成黑或白。

实际生活中，我们经常会遇到许多不易归类、难以评价的人和事。

30多年前，鸣心在家庭中被明确要求"一定要在中国音乐界占领一席之地"。为了实现他人的理想，鸣心忍受了非常艰辛的磨难，夜以继日地埋头写作，除了在案头前见过东方绽白曙光初露，"一席之地"的曙光始终虚无。

后来鸣心自我解放，挣脱虚妄的枷锁，管他一席半席有席无席，创作力反而旺盛，常作不衰，一直到今天。

对鸣心来说，名利之事根本就是淡泊的。

在音乐界会有这样一些现象，有的人做得很多，得到的也多，我服气！有的人做得很多，得到的不多，我敬佩！有的人做得不多，得到的很多，我鄙视！

鸣心做过四年作曲系主任，过了四年狼狈不堪的生活。他根本就不谙行政事务。每周一次全系例会，早晨，他挣扎着爬起床，结果还常是迟到，全系老少都在等着系主任。他宣布了会议日程后，由各个教研室主任具体说明，自己坐在下边听会。我估计他是最急切盼着散会的那一个。最后，系党支部书记总结发言，并宣布散会，党员留下继续过组织活动。

党外人士的系主任第一个退场，后边跟着普通群众。

事实证明鸣心谁也领导不了，除了他自己。

有时他要填写很多表格，涨工资、评职称、分房子，也都要系主任核准签字。只见鸣心紧锁双眉，对着一堆报表发愁。

鸣心是一个连米和尺都分不清、加减乘除也会算错的人，分房子涨工资这种繁琐的事务性工作真是太难为他了。

结果是任期一过，立刻毫不犹豫地退离——这是最好的选择。

2007 年，北京音协为鸣心举办了一场庆祝生日性质的音乐会。

会后涌现了许多花样的贺词，有的像风一样怡和动人，有的像火一样热情溢美，也有难以捉摸的冷风迎面扑来。

某音乐教授忽然跑到后台，以力压群芳气势地说道："杜鸣心你终于拱出来了。"言语中透着霸气和挖苦。也许整个音乐会中她都在全心全思地拱着这句话，音乐作品对她来说却不那么重要。

音乐会结束了，人们都散去了，好评中评差评也随风散去了。

我和鸣心在中山公园散步。园子里一片静寂，黑色的天幕掩盖了众多星星，只有几颗小星星挤出来，微微露出光亮。音乐厅旁边的五色土依稀只能看到一种颜色。

不远处是我小时候常来的游乐场，曾有北京唯一的电动大转盘。转盘上有小汽车，也有木马，当工作人员合上电闸的那一刻，我们的欢声笑语齐起，和现在的孩子游玩迪斯尼的快乐心情没什么两样——尽管游乐设施是一天一地。

我和弟弟常为骑马还是驾车发生争执。骑了马又想开汽车，开了汽车希望再骑马。

鸣心小的时候既没开过汽车更没骑过马，他常年奔走在逃难的路上。

少年的鸣心在育才求学时，常被高年级同学欺侮。一次到重庆办事，过嘉陵江时被同学故意甩在身后。同学过了江，鸣心身上没有一分钱，无法坐渡船，可怜巴巴的不知该怎么办，望着滔滔的江水哭了起来。幸好有位湖北老乡在重庆谋事，鸣心又走了很多路找到那位乡亲借了点钱，才过了河，回到学校。

今天，鸣心不再是那个对着长江流泪的小男孩，也不是在烈日下惶恐赶路的孤童，他早已成熟了，不畏惧任何批评甚至冷枪暗剑了。

鸣心的心不是春天了，没了急促而充满渴望、对鲜花和赞美如醉如痴的少年情怀。他早已是富满丰盈的秋天，他的音乐、他的微笑、他的温暖无不来自心灵深处，来自更加成熟的情怀。

我经常对鸣心说，"你这辈子做过两件最智慧的事情，一是改了名字（他原名杜明星），二是买了一架德国钢琴"。

名字不用多说，过明星一样的生活，是老百姓的梦想。厌倦了背朝黄土面朝天的穷而乏味的日子，走出乡间，定居城市，做梦也要高高在上，过上出人头地的生活。

鸣心谐音明星，首先不违父母之愿。

但鸣心更加接近地气贴近人心，用感情说话，让音乐发声，运用之妙，存乎一心。真是个音乐家的好名字。

我第一次见到鸣心的钢琴，琴的漆已经磨得变色了，像是穿了件旧衣裳，深深浅浅的颜色暴露在外，还有许多铅笔的划痕。一看就是一架被过度使用的琴，其貌不扬，也没有被特别保护。

我打开琴盖，弹了一首肖邦的夜曲，马上惊为天人。声音是那么柔美细腻，立刻把我带入幻想中。

这架钢琴的音色和我听到过的唱片音色重合。除了唱片，除了音乐会，再没听到过如此近距离的美妙之音，而且这样的声音还是从我自己手里流出。

我过去一直是在发出木头敲击般闷闷声的钢琴上练琴的，第一次弹这样的钢琴，又激动又感慨。

钢琴的名字叫福斯特。福斯特是我们家的重要成员，是鸣心的知音和忠实助理。鸣心用福斯特写作了无数音乐作品，教出了一大批优秀作曲家。

三个孩子用福斯特学会了钢琴。杜咏也成了音乐家。

我是后来者，我喜欢用福斯特弹巴赫，用巴赫的音乐邀友倾谈。

　　可是鸣心要写作，他不能容忍我在他身边反复练琴。我像灰姑娘一样，刚见到富丽堂皇的宫廷，又要回到贫穷的陋室中。

　　唉，既然福斯特的主人不愿我触响他，我只好在学校继续弹木头声钢琴了。

九、五七四十五

"反正我也没办法考证，究竟是你的启蒙老师是世上最差的老师，还是你是世上最差的学生？"我对鸣心说。

他没有数字概念，经常计算得莫名其妙。

"我问你"，鸣心提一大块新鲜牛肉进了家，他爱吃牛肉——

"五乘以七是多少？"

"三十五啊。"我在洗菜，低着头回答他。

"三十五？不是四十五吗？"鸣心话音有点虚。

"当然不是。"我头也没抬。

"怎么了？"我又问。

"啊，怪不得那么快就找钱给我。"鸣心好像自言自语。

"怎么回事？"我抬起了身子问。

原来是这样：鸣心路过小菜市，看见新鲜牛肉，想买。摊主立马切了一大块肉，称好了高声叫道："七块钱一斤，五斤高高的。"

鸣心马上接茬道："五七四十五，我给你五十块，找我五块钱。"

摊主飞快地找给鸣心五块钱。

鸣心提着牛肉欢天喜地回了家，越想越不对味儿，一路上把乘法口诀又背了一遍，乱七八糟的越背越不清楚了。

自此以后，鸣心买东西再也不帮小摊小贩算帐了。

受到这件事的影响，我倒是常常把五乘以七算成四十五，直到今天。

除了数字，鸣心对长度、高度、面积、体积的认识也是一片混沌。

我的一个朋友亲眼看见鸣心拽着一根绳子给小杜咏辅导数学。

他在讲长度及换算："一米等于三尺"、"一尺等于十寸"之类的。鸣心讲得口干舌燥，用实物（一根绳子）和抽象的概念反复论证；杜咏听得一头雾水，一道题也没做出来。

10 多前前，我们费了很大的劲买了一栋别墅，积极地筹备着装修。鸣心的热情也很高，他想把自己的房子装修得漂漂亮亮，日子过得舒舒服服。

鸣心对长度根本就没什么概念，他目测出来的数字能差一半。也就是 10 米能说成 5 米，10 米开外就天马行空信口开河了。

长短都看不准，面积更是完全没数了。

在地毯商店，我看上了一张有点像浮世绘图案的地毯，素素雅雅的很有风格。不知是哪根筋抽住了，我指着这张地毯，不谈风格，不论色彩，非要提起那把不开的壶问道："鸣心，你能说说这张地毯有多大面积吗？"

鸣心白了我一眼，随口一说，地毯大了一倍。

我再往旁边一看，一张"富贵牡丹大花儿图"正符合他回答的面积大小。

鸣心的审美也让人啼笑皆非。

他到日本去作一个国际作曲大赛的评委，我们盼着他快点回来，因为他答应要给我们带礼物。

回家的那天，我和杜咏、诗诗在客厅里围着他打开箱子，拿出礼物。

结果令人大失所望，我的一双鞋子比小商品市场的还难看；杜咏的衬衫样式奇怪，穿上去像马戏团小丑；诗诗的铅笔盒还不如国华商场卖的精巧耐看。还有一大堆小手绢小丝巾小首饰，愁红惨绿的摊了一地。

我们一边看一边评论，全家笑作一团。我的脖子上挂满了廉价的项链和围巾，像旅游区的小贩，挑不出一件如意的。唯一一件漂亮的外衣，是在日本定居的王燕樵送给我的。

鸣心也看出我们不喜欢，连忙说下次去日本一定会精心选购。

杜咏说，"爸，你以后买东西可以这样：你进了商店，不要急着买，先仔细浏览一下。最后，你觉得哪件东西真是难看，越看越别扭，你就买，保证就是最好的"。

我马上补充道："鸣心，如果你觉得哪件东西特别好看，我求你了，千万别买回家！"

装修临近了，我不想和油滑的包工头纠缠，也不想每天向鸣心解释各种问题——我还要上班，还有很多钢琴学生，我实在是有点累。

我是真不愿意挫伤他装修的积极性，毕竟他为这个房子付出了很大的心血，这也是我们最后一次购房了。

我们俩为此讨论了好几番。

"装修是这样，两个人都管是不行的，或者你管，或者我管。"我说。

鸣心说："你管可以，但是我想部分的参与。"

"我不同意你部分的参与，你最好全管。"我有点怄气地说。

"你以为我不行吗？"鸣心反问我。

"你当然最行"，我带着讽刺的口气："我想先了解了解你的装修计划。"

"我准备请常沙娜给我全部设计，她一定会帮助我的。"

我几乎不相信自己的耳朵。

常沙娜女士是敦煌大画家常书鸿的女儿，她出生在法国，随父习画，现在是中央工艺美院院长。

"这么大的画家给你设计小别墅，亏你想得出！"

我知道鸣心是故意用大画家来镇压我的，我也不示弱。

"你不是要把咱们家室内装修成莫高窟？花园建成小沙漠吧？"我又冷笑道，他也笑了。

谈判了几个回合，鸣心终于放弃了装修权，部分参与权也不要了。

　　房子装修好了，家具摆放好，窗帘挂好，一切就绪。入住那天我郑重其事地请他来。

　　像演戏一样，我把客厅的灯一开，满室生辉，漂漂亮亮，他高兴极了，连声说好。

　　我们应该允许某个人在一个领域是天才，而在另外的领域是白痴。

　　鸣心的才能太集中了，紧密地集中在一个领域中，滴水不漏。

　　我问他：“你小时候上课认真听讲吗？”

　　“我糊里糊涂的也不知道老师在讲什么。”

　　“那你都在想什么？”

　　“胡思乱想呗。”。

　　胡思乱想道出了艺术家的本质，天下的艺术家都是好胡思乱想的人，胡思乱想是引发艺术创造的第一步，大作曲家的第一步竟然在那么小的时候就迈出了。

　　他可能在注目一朵飘云，云彩里仿佛有歌声；也可能看着同桌的小姑娘，黑亮亮的辫子，头上戴着红色小绒花。他最盼着身着军装的爸爸回家休假，带他坐黄包车，去闹轰轰的戏园听戏，看一群仙女轻歌曼舞，喝热茶啃着孝感麻糖。

鸣心用胡思乱想勇敢地摧毁了刻板无趣的课堂教育，也摧毁了自己童年的学习进程。

这件事是鸣心妈妈的忌讳，我几次绕圈子向她求证鸣心小学留级的事，她都马上把话题岔开。杜妈妈嘴里永远是"鸣心学习挺好的"。

"学习挺好的鸣心"除了学音乐还能学什么？干什么？

我和鸣心开起玩笑，帮他做个早期职业规划。

"做一个农民，种地，种棉花？"

"这不行，我早上起不来，湖北的天气又那么热，晒成热干面了。"

"摆个小烟摊儿，再卖点小杂货？"

"也够呛，算术不好，帐算错，赔钱。"

"体力活怕累，脑力活怕算，都不行。那什么事才行呢？"

我思来想去突然灵机一动："鸣心，有一个职业非常适合你。不算累，心细手巧就行，还有点艺术含量。"

"什么职业？你快说。小学老师吗？"鸣心着急地问。

"你小学都留级，怎么可能当小学老师？除非你不停地留级熬到留校的岁数。"我故意逗他。

"那是什么?"

"篾匠,俗称编筐的,又有手艺又不用太劳苦。乡村篾匠,多棒的职业!"

鸣心笑了:"真的? 对呀! 真是个不错的行当!"脸上露出一片喜色。

鸣心说:"我有幸进了城飞上天做了音乐家,如果我在乡下就做一个编筐的篾匠,一辈子编筐编席。作曲家编曲篾匠编筐,反正都是'编',看来我这辈子逃不出这个'编'字。这个世界上只有这两种职业适合我,没有第三种。"

我经常会想,假如杜鸣心遇到了世界上最好的启蒙老师,在计算和算计中茁壮成长,学得能说会道,能掐会算,他的才智不一定能保持得这么纯粹,心性大概也不能保有这样的童真和质朴。

我臆想中最差的启蒙老师,对鸣心而言,也许正是最好的老师。

十、书桌内外

鸣心不算是一个刻苦的作曲家。

"手持万卷，落笔如神"这种传统中国文人的形象，在他身上看不见。

他爱读点历史的书，随着传统出版物一天一天地陨落，他读得也越来越少。书倒是买了不少，都安静地呆在书柜里，案头上，被他冷落了。

他也并非手无所持。

鸣心"手持报纸，落笔如神"。

每次我们从郊区回到城里，第一件事就是开信箱，拿报纸。

他来不及坐下，站着就读起来，一股如饥似渴的劲头，我在旁边说什么他也听不见。

他的书桌靠近窗户，经常是太阳西沉了，光线非常昏暗，他还在埋头读报。宁可在昏暗的光线中努力辨认字迹，也懒得抬手开一下台灯。

读报占去了他很多时间，也占去了写作的时间。

他的写作多是委约创作，有时间限制，我要经常催促他，提醒他合约期限。我苦苦哀求的时候居多，极少数时候也小施厉色。

但是我绝不敢夺过他手中的报纸。他给我立下规距，一不能夺他手中的报纸，二不能抢他手中的遥控器，强行关电视机。

我一直小心翼翼地遵守这两项规定。

我的时间观念比较强，没法忍受鸣心过多地沉湎在看报中，怕耽误事。

我走到他面前直问："报纸是你爹还是你妈？怎么那么亲？"

他有点愠怒地说："怎么了？报纸就是我妈，是我爹，比我爹妈还亲。"

然后冲我挥了挥手里的报纸以示抗议，我扑哧笑出了声。

仔细一想，鸣心从小没爹，到老没妈，又无兄弟姐妹，孩子成家自立，这些情我也给不了他，报纸给了他五花八门的乐趣，让他乐在其中，就当报纸为他解亲愁好了。

时间在鸣心眼里真不算什么。"一刻值千金"是个荒唐的比喻，说的是时间的价格，他才算不过来这个帐，从来不认为时间能卖了换钱。

我也是个懒人，嫁给他，我的懒惰终于找到了理论依据，也有了仿效的榜样。我每天挣扎着起床去上班，鸣心挣扎着起床去上课。

好在我们俩工作和教学并不算马马虎虎。在纯自我的空间里，我们绝对是两个放逐者。

时间就是用来消磨的，用来享受的。追求生活的快乐，就是尽最大努力，寻找一切可能，来挽回自由的空间和时间。

我们喜欢和月亮为伴，度过一个又一个美好的夜晚，哪怕在工作在写作，也觉得心安如水。最发怵的是在朝阳时分拉开竞赛式的一幕。

所以，床是最后一个起，开会是最后一个到，吃饭是最后一个入座，睡觉是最晚一个熄灯。

鸣心跟在时间后面溜达，我跟在鸣心后边溜达，不紧不慢，永远行动在最后一刻。

我们俩一大一小，为着共同的生活方式走到一起。我们互相理解，努力把时间撑至最充分的长度，最大限度体验着生活的快乐和自由。

鸣心一旦坐在书桌前，仿佛人生的态度都变了，格外认真起来。他自动隔离了书桌以外的世界，好像变了一个人。

工作中该有的一切优秀品质：精神集中、一丝不苟……都体现得淋漓尽致。

他的乐思非常丰富，像一座取之不尽的富矿，永不枯竭。

我从没见到过鸣心精神压力重重，坐在书桌前冥思苦想。他的写作过程既从容又迅速。

鸣心不用冥思苦想，他脑子里充满了音乐，坐在钢琴前双手抚琴，优美的音乐如清泉倾流而出。一曲不满意，第二第三曲紧跟其后，是完全不同的音乐形象。我好像一脚踏进了珠宝店，眼前闪耀着很多珍宝，每件宝贝都那么栩栩如生，灿若星辰，我欣喜得不知如何是好。

其实，真正的音乐创作对鸣心来说是快乐和艰辛并存的，才华和毅力缺一不可。

作曲家所付出的体力脑力艰辛是常人无法体会的。

让我坐在书桌前抄五六个小时的谱子我都受不了，更何况是创作。

鸣心总是尽最大的努力完成作品，他急于回到逍遥快乐的生活中去——读读报纸，看看电视剧，出门看看电影，去各种餐馆吃吃喝喝。

但是他不逛商店，那是女人的爱好，鸣心对这个没有兴趣。

叶小纲先生曾经说："有的作曲家出手就是怨，有的作曲家出手就是悲，有的作曲家出手就是恨，唯独杜先生出手就是爱。"

鸣心是天生的情种，而且是一颗不折不挠的情种。他一生多次在爱情世界里遇险，吃了很多亏，遭遇了不少挫折，依然无所畏惧。

鸣心精神世界里爱的"蓄能值"太高了，所以他总能在音乐中源源不断地释放爱的能量。

不写作时，鸣心一手持报纸，一手持电视遥控器，按照自己的品味选择娱乐。

我们的趣味和他不同，我们喜欢看紧张刺激的电影。

有时我会在半夜接到这样的短信。

"中央6，惊悚凶杀。"

"HBO 悬疑推理。"

"快看！"

这是杜咏给我发来的短信。

诗诗也经常问我看了什么悬疑电影。看到紧张刺激的电影或者电视片一定会在第一时间通知我，拉着我谈谈电影场面的奢华，夺人眼目的明星，还有谋杀案中的机巧和智慧。

杜琴和我通电话，一定会把好莱坞最新上映的惊悚片热烈推荐一番。虽然远隔万里，她也绝不允许我掉队落伍。

我们就喜欢看那种衣着光鲜的俊男靓女，在大豪宅里，在杯光交错中酝酿着阴谋诡计，精心实施着杀人的计划。

鸣心与这类电影毫无缘分，这些对他来说太复杂，也没什么吸引力。他才不想费心思跟着电影推理，饱受一惊一吓。

我们热衷的那种杀人越货污七八糟的东西，鸣心看不懂，也不爱看。

他有自己纯洁的选择，他看爱情片。爱情世界只有两个人，情节不复杂，不用勾心斗角，不需要枉费心机。

有爱的世界最简单，最美好。

江苏卫视的"非诚勿扰"开播时，吸引了不少观众，我偶尔也瞄上两眼，播久了吸引力自然下降，没听说谁看起来没完没了。

鸣心可是津津有味地在看，一集不落。

如果有写作任务在身，他会自动放假，停下手中的笔，准时收看。

有个白天，我看见他聚精会神地坐在客厅看电视，觉得奇怪，走近一看，是"非诚勿扰"的精华版。我问他："怎么还看？""我没看过。""你不是都看过的吗？""我不能重看吗？""好好好，你看吧。"我心里想"你干脆报名上这个节目算了，没准能遇见喜欢你的姑娘。"

看着节目中走下一对一对钟情的男女，电视机前欢欣鼓舞的鸣心，我真心希望能在节目中看到一个作曲家的身影。

真是巧，江苏卫视还真找到鸣心做了一期节目，可惜，是关于健康长寿的节目。

鸣心好不容易走进江苏卫视的门，却进错了节目组。江苏卫视"非诚勿扰"节目组有眼不识泰山，他们不知道，"非诚勿扰"最忠实的观众就在我们家！

十一、神功大业

鸣心的心态豁达宽厚，作息时间自由任意。

他早上不起床，晚上不睡觉，不上闹钟，不记日记，不搓麻将，不玩扑克，不抽烟，不喝酒，不喝茶——他以前喝茶，现在只喝白水。他不游泳、不打球、不短跑、不长跑，不干家务，不洗碗、不扫地，书桌上堆得乱七八糟，随时都有倒塌的危险。我想帮他整理一下，他总是拒绝，他心安理得地享受这份"乱"，整齐了反而难以适应。

乍看，这是个生活没什么节律的人。

幸好鸣心还没乱到百分之百，也没懒到不可救药。

生活中有两件事他持之以恒，几十年如一日，严格如铁律，好像看到另外一个人。

第一，鸣心一天只吃两顿饭。

中午一餐，晚上一餐。

据传在宋朝之前，由于国力匮乏，老百姓一天只吃两顿饭，只有皇室四餐，诸侯三餐。

鸣心日食两餐，有复古的意味，越过了几个朝代，穿越千年，过上了清明上河图之前老百姓的生活。

寺庙的僧侣有过午不食一说，鸣心是个凡人，他过午而食。

大多数人在吃早餐时，他在睡觉。大家都在吃午餐时，他刚起床。他的早餐加午餐合成一顿，类似洋人的brunch（早午餐）。洋人只有在周末休息的时候才吃brunch，鸣心一年四季天天如此。

鸣心自创了中西合璧的日食两餐，中国古代的用餐数量，西方现代的用餐时间。

现在有人提倡日食两餐，说是可以减少身体负担，降低血压，降低血脂，降低血糖，有利于健康，各路专家说法纷纭。

鸣心是减餐理念的先行者，他用自己的身体证明吃两顿饭是没有问题的，一切运行正常，至少是健康没有受到任何影响。

第二，每天练"床上八段锦"。

我见证鸣心练功，已经快 30 年了。

直到最近我才发现他练"床上八段锦"的始作俑者。我在鸣心的那本练功小册子上赫然发现赠书者的签名：张丕基，一九六五年。

奇怪的是张丕基自己并没有练"床上八段锦"，他是另有"门派"。

他练的是"桌上功夫"，每日小酌津津乐道。

张丕基的"桌上功夫"卓有成效，他的身体还是不错的，每周开着汽车带着老伴穿梭城镇郊区，养花种菜，招猫逗狗，写下了深情难忘的《最美不过夕阳红》。

张丕基把"桌上功夫"留给自己，"床上功夫"传给老师。杜鸣心没有辜负弟子的传授，"八段锦"一练就是 40 多年！

八段功夫操总称为锦，是指按摩动作美观悦目，好比多彩斑斓的锦缎，颇具古雅的韵味，又有五彩纷呈祥云缭绕的意境，浪漫的音乐家适合练习嵌有"锦"字的功夫。

练八段锦无须披星戴月，无须夏练三伏，冬练三九，床上开始床上结束，只用双手，不需设备，简单易行。

练功结束后，全身舒适，血脉通畅，神清气爽。

40多年来，鸣心练功不歇，日戏八锦。

"千淘万漉虽辛苦，吹尽狂沙始到金"。

不能否认，而且必须承认，"床上八段锦"功不可没，几十年的练功者淘到了健康。

鸣心的身体的确很健康，他的视力很好，常常在掌灯时分不掌灯，借着微弱的室外光线看书看报。

鸣心的总谱写得又清楚又美观，没听他说过眼睛很累或者干涩。小小的总谱音符让我抄一个小时眼睛都受不了，鸣心能连续写上好几个小时，还包括创作思考在内。

他的胃口也很好，不需要专门做老人吃的软烂食物。他不挑食，荤素兼食，饭量足可以和一个中年人媲美，而且不忌生冷食物。儿媳妇讲给她的朋友们："我公公冬天可以吃一份牛排，然后再吃两个冰淇凌。"惊得一群年轻人目瞪口呆。

好胃口离不开好牙齿，明目还须配皓齿。鸣心的牙齿很好，只有两颗假牙，其他全是原装。八段锦有一段功是叩齿，就是上下牙不停地咬合，他的牙齿从没松动，我几乎没有印象他去看过什么牙医，倒是我常常为牙齿不舒服跑跑医院。

他有遗传的高血压，吃降压药控制得很好，血糖、血脂不高，心肺功能也很正常，感冒都很少得。

练功需要有毅力，需要雷打不动，我真是佩服鸣心，他是我见过最有恒心的人。

我们每个人都曾立过各种各样的誓言，人人都企望做一个成功者，但是"行百里者半九十"，或者说中途而废的人太多了。我是个典型，做什么事情都缺少恒心，基本上属于"一事无成"。

恒心源自于思想的力量，源自于做事不屈不挠的精神。练功如同音乐创作，信念是恒心的基石。

2012 年国家交响乐团为鸣心开了专场音乐会，音乐会的曲目是全新的，最老的作品是 2008 年写作的《天地之滇》，其他作品都是之后的创作。音乐会最后的两首作品《红色娘子军选曲》也是专为音乐会的新编，仅就写作来说"笔耕不辍"是名符其实的。国家大剧院也有意委约鸣心创作歌剧，这是鸣心的宿愿。

鸣心的创作如同他的身体毫无衰退之相，他几乎每年一部大作。我的回忆录是和他的《黄河颂》（为兰州歌剧院落成开幕音乐会而作）一同动笔的。我们在同一间房子里写作，他写音乐，我写他。

他占据书桌，我在另一个角落。我写累了，头晕脑胀，写不下去也编不出来了，停下笔，望一眼鸣心，只见他精神专注，一脸从容不迫，音乐源源不断地从笔端流出。

很多人向鸣心讨教练功，那本八段锦的小册子，鸣心复印了很多份，送给了很多人，他乐于向朋友传授保健的经验。

但是有心愿者居多，实践者寥寥无几，我没有听说谁认真地开始练习——拿到小册子后皆无下文。

追求健康是每个人的心愿，但是健康是属于有心愿、有热情，并坚持不懈的锻炼者的。

八段锦伴随了鸣心半个世纪，他每天都练八段锦，他们亲如手足。他在家里练，酒店练，火车上练，轮船上练，走到哪练到那。

"一天不学问题多，两天不学走下坡，三天不学没法活。"

这是一段风靡当年人尽熟知的政治口号，曾经是每个中国人对"一本书"的态度，现在变成了鸣心对"八段锦"的态度。套用一下这个口号，我认为他已经上升到"一天不练没法活"的高度。

鸣心爱睡懒觉是出了名的，在八段锦面前，贪床之心顿消。如果碰到开会要早起，他一定会提前两小时起来练功。

我是失眠症患者，入睡特别困难。有一次我陪鸣心去广州开会，因为次日上午有会，他想着早起练功，我迷迷糊糊地睡着了一会儿，就听见床上一片动静。我睁开眼看见窗外一片漆黑，再一看表，只有1点半，原来鸣心看错了表，把1点半看成6点10分，就开始练功了。他知道看错时间后，又倒头接着睡，我再也无法入睡，熬到6点钟再叫醒他起床练功。

我们结婚时，他只练半个小时功，那是他的上一次婚姻的遗产，他的妻子不愿意他耽误时间，耽误创作，就给鸣心规定了练功的时间。

我们在一起生活后，他意外发现我是一个很懒散的人，对作息时间没有什么严格的要求，就自主延长了练功的时间，而且得寸进尺，几乎每天要练到一个半甚至两小时，为了他的健康大业，我只能用被子蒙上头姑且任之。

当你痴迷一件事情的时候，把握不好，非常容易走火入魔。

鸣心是养生爱好者，求养生求健康，有点急切。

很多人为此受到忽悠，受到蛊惑，不分青红皂白，是功就练，是药就吃，见个神就跟着拜，也不管是不是怪力乱神，是不是江湖骗子。

有一年鸣心买来一条"神功元气带"，宽宽的一条红带子，带子上绣着金色的"神功"两个大字，非常刺眼。

又不知道他从哪听说的把指甲抹上醋可消除指甲上的粗纹。

我下班回家，惊见鸣心腰扎大红色"神功元气带"，手腕上带着一只滴滴乱叫的降血压表，表面上刻着八卦图，一只手托着青花瓷碗，碗里面盛着醋，手指浸泡在醋里。

他托着碗在屋子里来来回回地走，所到之处滴滴几声，金光一闪带出一股怪酸味。

我忍不住走到鸣心面前，上下打量了一番对他说："你脚下还差一副风火轮，如果蹬上风火轮，你就像一个打遍天下无敌手的哪吒了。"

鸣心见我生气了，连忙卸下了全身武装。

我和鸣心恰恰相反，我是主张任何病只有到正规医院挂号解决。

我不反感他练"床上八段锦",实际上是一套简单的按摩操。

我讨厌表面神乎其神、背后金钱作祟、被神化的养生之道,还有各种各样的保健品。

我成功击退了各种推销保健品上门的骗子,闹出许多笑话。

在我的监控之下,鸣心没有吃过什么神奇的保健品。偶尔从他的手提箱里滚出一个瓶子,我拿起一看,是没开封的保健类药。我也懒得追根寻源,悄悄丢到垃圾桶是最好的办法。

有不知情者到我家和鸣心探讨保健心得,建议鸣心黄昏时再练个什么功,我听得心里阵阵发抖,头上冒出冷汗,如果再来个晨省昏定式的练功,作曲家真就要变成气功师了。

2015年,湖北开了鸣心的专场音乐会,结束后,徐沛东走到我面前对着我也对着大家说"杜先生是中国音乐界的奇迹"。我非常感动。

我和一个"奇迹"朝夕相处,这个"奇迹"从每天上午一睁眼就在床上行迹了,一直持续到深夜,在书桌上歇笔收摊,真是我命运的"奇遇"。

十二、新疆之旅

20 世纪 80 年代，作曲家陈钢的小提琴协奏曲《梁祝》成了日本小提琴家西琦崇子最热衷的演奏曲目。她演奏的《梁祝》风靡大陆，远播世界。

有一次我在美国一家有名的唱片店选购小提琴协奏曲，一个英俊的黑人店员特意跑过来问我："你是想买蝴蝶吗？"我吃惊地望着他。

后来陈钢还为西琦崇子写了小提琴和乐队的作品《王昭君》。

与此同时，杜鸣心几乎成了西琦崇子的"御用"作曲家。

杜鸣心专为西琦崇子写了《第一小提琴协奏曲》《新疆之旅》，改编了许多香港电影音乐和流行的歌曲，还为她校订了克莱斯勒等欧洲作曲家的小提琴作品等等。

杜鸣心与其说是西琦崇子的"御用"作曲家，不如说是西琦崇子老公的"御用"作曲家更确切。因为西琦崇子的老公是香港唱片公司的老板，也是后来令全世界唱片业重新洗牌的"拿索斯"唱片公司的大老板德国犹太人海曼。

海曼是个精明的商人，据说他是卖音响器材起家的，也有传他在越战期间和美国军队做生意发家。传言并不可靠，甭管他卖什么起家，总之是飞黄腾达了。今天海曼作为唱片业大佬出现在公众视野中，是英雄就不必论出处了。

海曼在杜鸣心身上下了不少功夫，委约一部接一部。为了唱片的销路，在香港、美国、新加坡开音乐会，做宣传，做广告，不遗余力。鸣心哪有什么商业头脑，他长期在行政领导下写音乐，上级要求他写什么就写什么，让怎么写就怎么写。

改革开放了，海曼一度成了鸣心的新领导，以委约形式合作，鸣心一下跨入商业创作的模式。他们商定作品的形式，剩下的是想怎么写就怎么写，海曼倒是不干涉。

鸣心的《第一小提琴协奏曲》是商业合作的第一部作品，也是为西琦崇子专作。由于这是部量身打造的作品，要根据演奏家所长而作。西琦崇子属于偏抒情风格的演奏家，不以辉煌技巧取胜。鸣心在写作时尽量避开高难度技术，作品写得抒情细腻，充满了温婉内涵。

这部作品第一次脱离标题，没有背景和故事，手法沿袭传统曲式，是纯音乐，纯粹的个人内心感受，有人听后干脆称其为《1982 协奏曲》，甚为推崇。

迪士尼公司听到这首协奏曲后，马上委约杜鸣心为佛罗里达新启建的"迪士尼世界"环幕电影"中国奇观"配乐。

尝到了甜头的海曼，又继续让杜鸣心为他太太写一首小提琴与乐队的作品。他想到了新疆，美丽的地方和广为流传的音乐。

《新疆之旅》写作之前鸣心从来没有去过新疆，只听过那里的音乐。

《玛依拉》《在那遥远的地方》《嘎哦丽泰》《我等你到天明》《达坂城的姑娘》等等，单看歌名、读歌词、听旋律，就足以让人想像那地方有多美，足够令人神往。

按以往的写作套路，第一步应该去新疆采风，亲身感受一下新疆的风土人情，然后再进入写作。

可惜这些不在海曼的预算中，海曼是属于用最小的投入获得最大利益的商人，不该花的钱一分也不花，该花的钱决不惜工本。

就这样，在这个从没去过新疆的作曲家完成了《新疆之旅》后，海曼领着老婆，杜鸣心携同夫人，来到另一个"新"字打头的地方"新加坡"录音。在朱晖先生的指挥下由"新加坡交响乐团"率先奏响了《新疆之旅》。

当海曼手提名贵的意大利古琴出现在新加坡交响乐团的录音现场时，杜鸣心心里就明白了，新疆再大再辽阔，唱片的影响和商机却很小；新加坡再小再遥远，《新疆之旅》的影响和商机却很大。这就是一个商人根据商机把《新疆之旅》变为"新加坡之旅"的原由。

我非常喜欢《新疆之旅》这部作品，音乐唤起了我对新疆的极度憧憬。终于，鸣心决定弥补未采风之憾，实行一次真正的新疆之旅。

鸣心有个学生叫马辉，是新疆师大音乐系的教授，曾担任过新疆建设兵团文工团团长。他是个老新疆，为人豪爽热情，是他为我们精心安排了新疆之旅，令我们大开眼界，非常快乐！

新疆真是个美丽的地方，有五颜六色的美丽。

广袤无边的高山草原，绿得让人张口结舌；纵横交错的山峦，背后有耀眼的冰峰矗立；深翠色的松柏行行纵屹在朝着太阳的山坡上；晶蓝透明的湖水团团洼洼地散落在草原各处；水边点缀着彩色的野花，水中倒影着蓝天白云；地上的羊群和天上的白云就像约好了似的，一同缓缓地移动着。我们的越野车就在这长长的画卷中奔驰。

天色渐暗，从森林深处传来一阵马蹄声。五六匹马擦身而过，有小孩有大人，这是一个哈萨克家庭。他们个个衣着鲜艳，脸上透着红扑扑的颜色，女人都包着绣花头巾，还有一个女人边骑马边给孩子喂奶，笑吟吟地望着我们这几个外来人。

我们听了不少民间歌手的演唱，曾经很熟悉的旋律经他们一唱完全是另外一副面孔。好像听到了音乐的灵魂，活生生飘浮在你的耳边，心里的花朵瞬间开放了，源源释放着生命的气息。

也许是太阳特别眷顾这片土地，新疆的民族性格有太阳般的光辉，热烈豪爽开朗奔放，多姿多彩的歌舞炫亮了这个地方，这里永远没有只唱不舞的歌手，也不会看到低头弹琴不展歌喉的演奏家。

有一天在星空浩淼的夜色下，我们团坐一起听哈萨克歌手演唱。一个略懂汉话的哈萨克小伙子为我们翻译歌词，我则拿着笔和本打着手电筒像模像样地记谱记词。

"骏马和歌就是哈萨克的翅膀"，每位哈萨克歌手同时又是诗人，他们弹着冬不拉，宣叙着内心的感情和故事，我们终于有机会乘着哈萨克的翅膀在草原上飞翔。

> 可爱的一朵玫瑰花，塞地玛丽亚，
>
> 那天我在山上打猎骑着马，
>
> 正当你在山下歌唱婉转如云霞。
>
> 歌声使我迷了路，
>
> 我从山坡滚下，
>
> 哎呀呀，你的歌声婉转如云霞。

这是流传最广的哈萨克民歌，汉族音乐家按照标准记谱法记录下来，我们的演唱者照谱演唱，一旦离开了乐谱会就会感到寸步难行，正统西方音乐也是如此。

今晚，我们要面对另外一种形态的音乐，这种音乐并不存在于笔头和谱面上。这种无所落实的音乐如同江河湖海高山峻岭，浑然天成，焕发着无穷的魅力。

她只来自歌唱者的心灵，成长于祖祖辈辈口传心授的感应中。100 个歌手能唱出 100 首不同的"玛丽亚和都达尔"，一首歌曲可以演绎出无数种风情，涌现出无数张面孔。

担任翻译的小伙子汉语不算好，提到姑娘的时侯，他总是用"丫头"替代。爱情歌曲中少不了姑娘，所以他总是"丫头"长"丫头"短的。

哈萨克的各种"丫头之歌"围着我们飞来飞去一晚上，满天星斗也对我们俏皮地眨着眼睛。我喜欢哈萨克美妙的音乐，鸣心更是陶醉其中，因为在这之前他仅认识"玛依拉"和"嘎哦丽泰"两个丫头，没想到今晚突然遇到这么多美丽的"丫头"，简直是受宠若惊。

万般柔情的歌声令人大受感动，音乐是不需要解释的，汉语解释不了哈萨克的心，我为什么要把这灵动的音乐桎梏在纸上呢？为什么要把这伟大自由之声用几个简单的音符来锁定呢？为什么要用汉语来僵化这些音诗呢？我索性扔掉了笔和纸，关上手电，静静地欣赏，乘着歌声的翅膀，在明澈的星空中尽情遐想，感受着前所未有的释放。

恋恋不舍地离开天山后，马辉又给我们安排了更奢侈的活动，所谓奢侈并不是指的衣食住行，而是一些令人惊喜的聚会。

我们应邀去一位维吾尔音乐家的家中做客，主人是新疆军区歌舞团的打击乐首席，著名的手鼓演奏家。

维吾尔族人热情好客，主人为来客精心准备了丰盛的晚宴。

我们一进门最先看见客厅铺着漂亮的织花地毯，墙上挂着波斯风格的壁毯，显得很华贵。亮晶晶的吊灯下，长长的餐桌上摆满了食物。主要是些油炸或蜜制的甜食和面点，还有各色各样的干果、刚刚采摘的鲜果，葡萄、哈密瓜、无花果、桃子等，盘子里摆得满满的。

这些食物在哈萨克人的餐桌上是见不到的。草原上的民族食物比较单一，而栖居于绿洲维吾尔族是完全不一样的，维吾尔族是美食大族，食物的种类要比其他民族丰美很多。

桌上的食物仅是开场小菜，宴会的重头菜是烤羊肉串和手抓饭。这两道菜登场宴会才算是进入高潮。就着烤肉的香气，主人打开新疆名酒"伊犁特"，托盘里放上小酒杯由大家传着喝，我和鸣心也加入了喝白酒的队伍，大家非常兴奋，气氛很热闹。

兴致中，主人拿起了手鼓轻轻敲起，好像从遥远的地方传来的脚步声,声音逐渐走近,节奏不停地变换花样,音色也变得忽明忽暗,忽柔忽烈,使人陷入一种揪心的律动中,情绪笼罩在阴晴不定中。

不明之中,鼓声忽然一蹶而起,似晴天霹雳,直冲云天,阵阵急促密集的节奏扑面而来,好似万马嘶鸣着奔腾。演奏家利掌无双,旋击如飞,如铁削泥,一派"剑战横空金气肃,旌旗映日彩云飞"的景象顿时横映在听众的眼前。

鸣心被起伏跌宕的演奏震撼了,人都愣住了,缓过神来,无比的后悔跟着涌上心头。

鸣心的《新疆之旅》也用了手鼓,但是他低估了这件乐器的能量,手鼓只是混在乐队和打击乐中,不显眼地演奏着。完全应该将手鼓推到乐队的中心位置,让手鼓作为灵魂角色出现,大展风采,尽显威力。音乐一定会更加辉煌。

可惜一切都晚了,录音已经完成了,失误铸定了。鸣心和维吾尔手鼓相见恨晚,留下了先写作后采风的遗憾。

悔恨之中,有人轻轻地敲门。

闪身进来一个背着手风琴的英俊小伙子。

小伙子的到来宛如一轮皎月悄然升起，照进一室柔情的光华。

白晰的肤色，修长的身材，浓密而曲卷的栗色头发，一双棕黑色的眼睛透着深情的目光。他的名字叫夏米力，是乌孜别克族人，新疆军区歌舞团的男高音歌唱家，也是歌舞团歌队的队长。

夏米力话不多，很沉默，坐下来轻轻地拉起手风琴。当他一开口，全屋的人都被惊呆了，夏米力声音非常漂亮纯净，歌声中充满了深情和诗意，好像梦中的"白马王子"来到身边。

我至今还记得夏米力唱的一首歌《思恋》。他是用乌孜别克语唱的，后来我找到了这首歌的汉语译文，大意是这样的。

百灵鸟在花丛中，婉转的歌唱，我从梦中醒来，把你思恋。我的心随着微风飞到你的身旁。

在场的人都被夏米力的歌声迷住了，我没见过百灵鸟，更没听过百灵鸟的歌声。

夏米力的歌声仿佛是一缕秋风，带有温暖的忧郁，轻轻地吹来。放眼远望，一行行的白杨树从面前掠过，树叶金黄而耀眼，远处的高山在青色的暮光中静默，最后的几抹彩霞意欲掩藏起一些悲伤，一颗思恋的心在秋风中飘荡不已……

唉！我们不得不对新疆说"再见"，不得不对善良好客的民族朋友说"再见"，说"谢谢"，不能不对马辉先生心存感激，没有他的安排，我们怎能如此近距离地欣赏到新疆最好的演奏家和歌唱家的表演呢，我们怎么可能有如此的机会和美丽的新疆音乐贴心感受呢，这对我们来说真是一场奢华的"新疆之旅"，新疆太美了！

回到北京后，我们对新疆的音乐依然恋恋不忘。我几次请求鸣心为我所在的"教师合唱团"编写新疆民歌的合唱，鸣心终于答应了，他将《嘎哦丽泰》还有夏米力唱过的《思恋》改编成合唱。

《嘎哦丽泰》演出后非常轰动，很多合唱团将其作为演唱保留曲目，远传到香港、台湾，甚至北美，凡是有华人合唱团的地方，几乎都会演唱《嘎哦丽泰》。这是鸣心没有想到的。

遇到大型合唱比赛，《嘎哦丽泰》成了热门曲目。

当我的耳边此起彼伏地响起同样《嘎哦丽泰》时，我会想起新疆，我们去过的那个美丽的地方，听过的那些美丽的音乐。

我在想，假如这些合唱队的演唱者能够深度游历新疆，一定会听到无数种不同的《嘎哦丽泰》，见到无数个不同美丽的"嘎哦丽泰"。

十三、家用电器的天敌

鸣心不喜欢打电话，也不爱接电话，更不爱用手机，我们共用一部手机，我为他接电话，为他传达收发所有的事情，我是他的来电显示。

慢慢地鸣心变得依赖性特别强，他坐在电话机旁看报，电话铃声大响，他根本无动于衷，响得时间长了，他会冲着在另外一个房间的我大喊"快来接电话"！

有一天，鸣心要给他的韩国学生打电话，他拿着一张纸，上面写着对方的电话号码，问我怎么拨号，我说把你记下的号码全拨就可以了。他看了片刻电话号码，开始拨，我听见他叨念着"110"，听筒里清楚地传来"这里是北京市公安局报警中心"，我一惊，飞奔过去按断电话，鸣心很生气地问我："你为什么要挂断我的电话？对方已经讲话了，我又要重新拨一遍？""不要再拨了，警车马上就到!"我也喊道。

鸣心不用电脑，是电脑全盲，我的水平也不高，是个半盲。但是我可以为他收发邮件，他坚持用手写作，他说手写出来的更有感情。

洗衣机、吸尘器属于我和阿姨的专用，这两件电器和鸣心形同陌路，互不搭理，谁也不认识谁。

冰箱没有开关程序，如同一件带电的家具，家具里面装着各种各样好吃好喝的东西，开门即可享用，鸣心最不讨厌的电器是冰箱。

空调操作简单，一按就开，可是到他手里往往几按才开，模式设定他是不管的，要冷开成热，要热开成冷是经常发生的事。

空调是夏天必不可少的居家电器，冬春两季暖气未供或按期停气时，空调替代供暖，好处十分显著。经过漫长的感化，鸣心对空调的态度是享受与忍耐并存。

我家第一台空调刚启用时，室外机轰轰作响，鸣心不时开窗探望，心里害怕极了，恐怕这个大机器哪天突然发疯，天崩地裂，炸掉了我们的房子，报销了全家的性命。

只要我离家外出，我前脚出门，后脚第一件事就是赶快关空调，我回来后，鸣心非常不情愿地再打开空调。

有一天下雨，屋子仍然闷热，空调没关，室外机仍旧在雨里工作，鸣心特别不安，几乎在屋里乱转，不停地问我："怎么办？怎么办？"我也犯了拧脾气，就不想关空调，看着他惊慌样子。我对他说："鸣心我有办法了。""是吗？什么办法？""你穿上雨衣，我拿把伞，我们到外边去保卫空调吧。"说完两个人忍不住笑起来。

家里装了有线电视，鸣心失去了一按电视就出影的方便，总要经过几个程序，他对此抱怨连天。如果碰到他喜欢的节目，我一定要帮他打开电视机才能去干别的。

碰到我有事不能脱身帮他开电视，总要提前把电视打开。我对鸣心说："我教你开电视吧。"这话好像捅了马蜂窝，他不但不学，而且立即要我退掉歌华有线。

作为音乐家来说，有套像样的音响设备是非常重要的。其他音乐家的音响是听坏的，鸣心的音响是搁坏的。一套还算不错的音响被常年束之高阁，变成了摆设，不是他舍不得用，而是不会开。他拿着说明书，看一眼操作一下，摆弄了半天音乐才出来，太麻烦了，音响就此被冷落，孤零零地呆在客厅一角，变成了哑巴。

当然了，什么音响也不是现场的对手，作曲家学的是现场音响，内心听觉也是现场感受，音乐要现场见分晓，作品要现场论高低。

当交响乐队演奏起来，由近百人合力制造的音响，像一条巨龙腾空而起，环绕着整个音乐厅，那种宏伟的气势，激动人心的效果，任何高级的音响都会瞠目其后，这也是所有作曲家的终极追求。

鸣心对电器有着天然的抵触，究竟是什么原因我也闹不清楚，也可能是因为他成长期生活太过艰难——他告诉我他在育才学校时就没有电灯，是用桐油灯照明的。他的同学黄晓庄家境较好，从家里带来白蜡烛，像西洋大音乐家一样，在烛光下写作，成为人人羡慕的对象。

夏日当头，空调阵阵送凉，厨房里炒菜香味四溢，抽油烟机嗡嗡作响，客厅音响放着优美的钢琴曲，打开冰箱喝上一杯带气的清凉饮料，会觉得日子好舒爽。

然而鸣心却面带惶恐，这么多电器同时工作，好像大鬼小鬼同时登场，魔术般地操弄出一个清凉世界。

这时候，鸣心一定会恳请我关掉一两件电器，为了安抚他的情绪，我会关掉音响或抽油烟机，他立刻露出满意的表情，心也踏实下来。

鸣心喜欢把不用的灯关掉。也许是节约的观念驱使，但是我觉得也有另外的心理原因，因为灯光就是明目张胆的"电魔之光"。

有几次他没看见我在屋子里，随手关上灯，我吓了一跳，刚想大叫马上憋住，我徐徐地从黑屋子里站起来，模仿闹鬼片，用飘飘的声音说起话来，吓得他以为撞见了鬼。

鸣心是个出手大方的人，一点不小气。

他不是那种在嘴里抠食，在滴水度电上精打细算的人，他就是对电的世界有一种奇怪的惧怕。

现代科技为基础的生活，鸣心不能安心地享受其中，他的思维空间是音乐型的和谐秩序，就像是忍受不了一部编配怪异的交响乐，他的心非常容易被电器糟乱声惊扰，他不喜欢表面丰富实则虚晃，他更喜欢简单又充实的生活。

有一个时期，养生保健非常时髦，鸣心也饶有兴趣，喜欢看电视里的此类节目，并追踪保健商家，陌生人的电话多了起来。

"您好，您是杜鸣心女士吧？"对方语气肯定地问我。

我心里非常纳闷。难道我说话的声音像个男人？还是对方不知道杜鸣心是个男人？或者是对方分不出男女的声音？

后来的对话消除了我心中的疑惑。

"杜鸣心女士，您好。我们是 XX 健康俱乐部的，近期我们举办一个健康讲座，会后将为您免费提供一份健康营养套餐。欢迎您参加。"。

我明白了，是卖保健品的。我将错就错说下去。

"我最近很忙，没有时间参加你们的活动"。

"那太遗憾了，这样吧杜女士，我们将为您保留这份套餐，欢迎您随时和我们联系！"。

放下电话，我一肚子气，肯定是鸣心去哪个药店买药时攀谈上的。

随着各种推销活动越来越频繁，鸣心被认作女人的机会也越来越多。

"您好，您是杜鸣心小姐吗？"

"是，我是。请讲。"又是一个推销的，鸣心真是越变越年轻了，不但年龄变了，性别也变了。

"杜小姐，您向我们订购的保健品，今天到货了，如果您方便的话，我们明天送货上门，请您准备好现金，一共是 2 千元。"她话没说完，被我打断了。

"我不要了，你们也不要送货上门了。"

"咦，好奇怪啊？杜小姐，您昨天还向我们业务员小李两次催货，我们千万百计调来货品，今天怎么又不要了呢？"我心里明白肯定是鸣心又受了什么蛊惑，下了订单，又打电话催货。

"我就是不想要了。"我故意横蛮起来。

"那这样吧，您再考虑考虑，如果想要再打电话好了。机不可失，我们的保健品是非常非常紧俏的。拜拜！杜鸣心小姐！"

我猜想那头放下电话一定在骂："这个杜鸣心究竟是什么玩艺儿？这个姓杜的女人肯定是个神经病，差点到手的生意又飞了。"

就这样，我前前后后搅黄了鸣心几单生意。

我反复和鸣心讲道理，鸣心后来也了解这种非正常的事情了。

家里的电话变安生了，又恢复到正常的工作社交联系，我有好一阵没再听到"杜鸣心女士"、"杜鸣心大姐"、"杜鸣心小姐"的称呼了。

我胜利的另一个原因，还是因为鸣心不爱接电话，不爱触碰电器，与带电字的东西没有缘分，和使用电子信息卖药的自然也没缘分。

然而事情并没有完全结束，不久，我又接到一个电话。

"喂，您好！"我拿起电话先说。"您好，请问您是杜鸣心老师吗？"电话那头是年轻女孩儿的声音。

又是个卖药的？我心有疑惑，改称呼了？以"老师"相称了？

"是，我是。"我准备像惯常那样子应对。

"您好，杜老师，我是中国音乐家协会的工作人员。"我倒吸一口冷气，硬着头皮听下去。

"音协要在X月X日有一个活动邀请您参加。"

我迅速问清了活动的时间地点，那边女孩很礼貌地说了声"谢谢，杜老师再见"。挂断了电话。

这些年，我接到不少把我错认成杜鸣心的电话，大多数是搞推销的，也有个别媒体记者，但是这不足为奇。中国音协的工作人员不知道杜鸣心是男是女还真是头一遭。

我把这件事告诉鸣心，他也觉得很意外。

想了想，我对鸣心说："每个人都有自己的时代，每个时代都会过去的。你的音乐时代已经过去了，很多年轻人不知道你的名字，对于崭新的文化潮流来说，你既非明星，更难鸣心了。"

十四、第二客厅

我们的花园被称作第二客厅，当邻居都忙着加盖房子的时候，我们忙着修建花园。

有屋顶有窗户有沙发有家具，这才是每个家庭的客厅。

我们把天空当屋顶，松树做绿墙，花盆是家具，花草当装饰，也是一个客厅。

我们坐在第二客厅里，等待着春夏秋冬的光临。

开始建造花园时，先想到的是种树。中国人不习惯在家里种松柏，觉得那是偏山僻岭中，围绕坟茔的树种。我不喜欢受传统观念的约束，我用青松作围墙，院子里种了云杉、蜀柏，加起来有40多棵常绿树木。

事实证明，我是对的。这些松树是最好的镇宅卫士，高大的身姿和庄严的翠绿除却了一切轻浮之气，为我们抵挡了无数肮脏的尘霾、暴烈的阳光、呼啸的寒风。

这些绿色卫士在我家安营扎寨十几年，花园里的生态环境发生了改变：我家的温度要低于周边温度，花园中所有开花的植物的花期都要比左邻右舍的大约推迟一周，比城里的晚 10 天左右。当人们兴致勃勃地跑到郊野或著名的园林去赏花踏春时，我家的花正蓓蕾待放，或悄悄含苞。

早晨我喜欢在花园里散步，小郭（钟点工）开门进来冲着我喊："张老师，你不知道今天的空气有多差吗？路上一片雾蒙蒙的。"

我知道空气不好——天是灰的，但是在花园里的确感觉不到空气有那么恶劣。

松树把雾霾挡住了许多，过滤了空气中肮脏的成分，使我们感觉没那么难忍。

我的一个学生家长买了一个别墅，发誓要将花园建成四季果园。他种了樱桃、杏、桃、李，又种了苹果、梨、葡萄、山楂、柿子等树，小小花园挤得满满当当。

他还算理智，没种香蕉、桔子、芒果这些北方根本活不了的果树。

春天刚过，他家成了虫子的乐园。虫子大军成群结队地在他家的花园里狂欢肆虐，疯狂吞噬他的果树。驱赶灭杀招招失灵，每棵树都颓丧地立在花园中，等待着生命的终结，四季鲜果之梦顿成泡影。

如果不想让花园成为各类害虫的欢场，就不要在花园里种满果树。

我们种了玉兰、丁香、西府海棠、紫薇，还有一棵大大的五角枫。

我曾经种过一棵樱花，春天来时枝头开满粉白色的花，阳光照来，银光闪闪。

可惜第二年樱花就和我们闹起了别扭。花期刚过，叶子就开始泛黄。我急忙给她治病，打药浇水修枝，一切都无济于事，樱花好像在和我们怄气一样，怎么伺候都不行。叶子烂边，纷纷脱落，美女一天一天变成丑婆。

我们的司机老李对我说："你家这么好看的花园，怎么能容得下这么一棵烂眼边子的树？"我痛下决心，叫了两个工人移走了这棵樱花。

鸣心一句话警醒了我："我们一定是和日本树没缘，我爸爸是在淞沪战役中阵亡的。"这是花园中几十棵树中唯一和我们没有缘分的树。

　　我们的花园从来不会有百花齐放的时刻。百花齐放之后无疑是百花凋零，我们不愿看到"百般红紫斗芳菲"，紧接着"东风无力百花残"的景象。

　　我给花园设计了明星领衔、各路花仙子轮番登台的花园大戏。

　　清明时节，束玉亭亭的白玉兰先登场了，

　　玉兰花瓣冰清玉洁，萼下有嫩绿叶片衬托，雍容华贵，仪态万方，若碧翠上依浮着祥云。

　　玉兰一侧的是紫丁香，飘着欢愉的香气。一静美一俏丽，像步出深闺的小姐后边跟着一个俊俏的丫鬟。

　　花园中最闪亮的明星当属月季。我们种了大约30个品种的月季：有身世的、无身世的，知名的、无名的，来自欧洲的、来自乡村大花棚的，都会在同一时间爆炸式开放，硕大的花朵，美丽的身姿，争相斗艳。

　　以前，家里都是本土月季，后来上海一家花卉公司引进了著名的英国月季，我拿着图册眼花缭乱，不知道该选哪棵？顺手把图册递给鸣心，他漫不经心地随手一指，我一看，是一棵名叫"默蒂默赛克勒"的月季，名字像一句咒语，既然他喜欢那就买了吧。

　　这棵"咒语月季"入住我们的花园，找了个阳光充足的地方安家了。

令人惊异的是，这果然是棵被魔咒附体的花，长势强健，种下当年就开出了又大又香的花。每一个花苞先开出四个花瓣，像一只展开翅膀的鸟，向着天空，紧接着打开一层又一层柔粉色的花蕾，特别漂亮，从初春到深秋一直在开放。当所有的花都退场时，在阵阵寒风中，她依然独自俏立枝头。

为了这棵"秋天里最后一朵玫瑰"，我找了几个水蓝色的玻璃瓶，剪下花朵，插在花瓶里，让美丽的倩影留在我们家的各个地方。

月季盛放时，每个来我家上课的学生和家长都会举着相机或手机，一步一景，一步一拍。

鸣心经常给我讲他在俄罗斯留学的生活，有些回忆令我印象深刻。他多次谈到柴可夫斯基在莫斯科的乡间别墅："一条笔直的路，两边都是高大的树木，路的尽头是座木屋，有钢琴，大书桌上摆着柴可夫斯基的手稿。"

我暗下决心，一定要买一座带花园的别墅，让鸣心在一个美丽的环境中写出更多更好的音乐。

我是个爱偷懒的人，我决不在花园里弄些劳神的植物。本着节约劳动成本的原则，尽量种植那些好打理，能露天越冬的花草。

绣球花算是一个极好的选择，玫瑰一落台，绣球就登场了，另是一番美景。绣球有最梦幻的颜色，白色最为抢眼。一株株绣球像是一个个身着绿裙手持团扇的少女——团扇就是绣球的花朵，有白，有紫，有蓝，有粉，奇妙的色彩在微风中变来变去。

每棵树、每朵花都是一个生命，每个生命都有自己的语言，植物的语言就是不同的香气，就像海涅的诗"每一朵花都在讲述她芬芳的心情"。

白兰花是我们花园里的香气女王，也是鸣心的最爱。

白兰花苞润如玉，香幽似兰，向着阳光嫣然开放，花园里飘着沁人肺腑的芳香，汽车开过我家时都会兜起一股芳香的轻浪。

鸣心经常摘一朵白兰花放在衬衫口袋里，悠闲地走来走去。

丁香有浓浓的脂粉香，容易使人联想到风月场的俗花锦簇，或是街巷中往返的流莺，野气十足，鸣心不太喜欢。

高贵的属白兰，亲切的当属桂花。秋天时，桂花的香气充满了亲情，带着一股笑盈盈的暖意奉送给我们。

我曾天真地设想，花园除了发挥客厅的功能之外，最好也能成为鸣心的第二书房，可以在花园里写作。

我太一厢情愿了。实际上北京的气候根本不适合户外工作。春天刮风沙还刮柳絮，冬天雾霾不断，好不容易熬到夏天，蚊虫的侵扰又袭来，再加上烈日炎炎，没多少天平静喘气的日子。

鸣心和蓝天白云的好天气基本无缘，因为他是夜猫子，他习惯在晚上工作。漆黑的夜里，花园里伸手不见五指的时候，音乐的灵感方才翩然而至，花园完全不能成为他工作的地方。

花园却是一个待客的好地方。

有七对白色蝴蝶（我数的）每天到花园里来玩，它们互相追逐，在花丛中跳舞，偶尔有一只大大的黑花蝴蝶也来凑热闹。

小野猫经常趴在栏杆上探头探脑，趁机在草坪上打个滚，躺在大树下乘个凉，睡个午觉。

我买了十几条金鱼放在小喷泉池里，不到一天只剩下八条，我纳闷不已。

上钢琴课的时候，突然，学生指着窗外冲我大喊：

"张老师，猫正在捞鱼！"

只见一只花猫伸长了爪子在水池里捞鱼，然后坐在草坪上大快朵颐，旁边另一只白猫在伸舌头抹嘴洗脸，一副得意享受的样子。

我再也不敢在花园里养金鱼了，我的智力对付不了这些贼猫子。

理智安静的秋天终于到来了。我和鸣心坐在花园里听拉赫马尼诺夫钢琴三重奏，还有他的老师阿连斯基的钢琴三重奏。

天空蓝得像剧院的天幕，白云悄悄地落座，邻居家的狗也不汪汪了。

我恍悟到，花园可以是最美的音乐厅。

秋阳之下并不只有我们两个听众，菊花默默地开放在每个角落，松树优雅地站成一排，墙上映出整齐的影子，秋风吹过哀伤的音乐，树梢随之发出共鸣的晃动。

一年三季（冬天除外），我每天养花护花，收拾打理，没觉得枯躁。

虽然我们把花园作为第二客厅，可总觉得它比第一客厅少了点什么，想来想去，是钢琴。但是总不能搬一架钢琴放在花园里吧。

我脑子里突然冒出一招：买一架手风琴，重拾旧艺，坐在花园里奏点俄罗斯民歌什么的，还有我喜欢的皮亚佐拉的探戈舞曲。

我兴冲冲地把这个想法对鸣心说了。

鸣心瞥了我一眼，意味深长地说："你就别再招蜂引蝶了。"

十五、杜咏的词典

鸣心出生在湖北，讲了 9 年湖北话；抗战到重庆，说了 8 年重庆话；又至上海 3 年，学会了一些上海话；后北上天津北京以讲普通话为主；留学俄罗斯讲了 4 年俄语；再回到北京长居，讲了 50 年普通话。

究竟什么是他的母语，我始终搞不清。

首先，我从没听到过他讲湖北话。我们去湖北，去他家乡，他都没说过一句湖北话。难道他把母语忘了？在电话里，常常听到鸣心和育才学校的同学兴高采烈地说四川话。

我一度认为也许是鸣心成长于四川，四川话替代了他的湖北母语。

有一次我和鸣心去重庆，鸣心用四川话和出租车司机聊天，一路讲得热火朝天，临下车时司机说了一句：

"老先生是湖北来的吧?"

这句话颠覆了我对鸣心母语的一贯认识。

他的乡音仍然是存活的,只是存活的形式变了,以一种非标准非独立的形式存活着,他的母语融合在其他的方言中了。

以此类推,鸣心讲的是湖北味的四川话,四川味的上海话,湖北四川上海味的普通话,还有中国味的俄罗斯话。

从小颠沛流离的生活使得鸣心已经不会讲一种口音纯正的语言了。青少年栖息地的不断变化,导致口音也变得动荡不安。

我是北京土著,会讲一口标准的普通话,什么方言也不会。

实际上,人的一生只使用一种标准语言讲话是很大的缺憾。它会使人变得固执、不灵活,缺少包容和接纳,不易体会情感的微妙变化,难以涉足丰富多彩的表达世界,我的人生竟然如此单调。

鸣心却完全相反,"到什么山唱什么歌","见什么人说什么话"。他语言能力强,勇于开口,无所顾虑,几句俏皮的方言即刻拉近与他人的距离,交流的温度瞬间升高。

作为一个音乐家，鸣心的音乐语言平实亲切，受众广泛。这与他操用南腔北调的口音、不拘泥的语言使用是密不可分的。他的语言状态恰巧为音乐的生成提供了丰饶的选择，是一个不可思议的奇特演变。

有其父必有其女，杜琴继承了鸣心的语言天赋，会讲流利的法语、英语，当然还有中文。

很多年前我和鸣心去蒙特利尔看望琴，琴当时正和一位律师深度交往，那位律师向琴左求婚右求婚，结果依然不明朗。

为了向琴献殷勤，向琴的家人献殷勤，律师和他的朋友们组织了大大小小很多次聚会。聚会名目五花八门，有音乐聚会、品酒聚会、法餐聚会、阿拉伯餐聚会、地中海餐聚会、中餐聚会……聚会时专门请来钢琴家、演奏家助兴，我和鸣心一下掉进了聚会的海洋中，把半辈子的会都聚了，好不热闹。

聚会中，琴是客厅的焦点，闪亮夺目。

我是厨房的焦点，闪光灯耀眼。

经常有人礼貌地给炒菜的我拍张照片，或者给正要下锅的菜或刚出锅的菜拍照。可笑的是，此时琴的男友一定是手持灭火器站在离我不远处——在他眼里中国人的烹调就是玩火。

琴穿着优雅时尚，身材修长，脸庞美丽，是晚会上的明星。只见她手举香槟杯，周旋在宾客中，讲着流利的法语，欢声笑语不断；有时坐在钢琴边，边弹边唱法语流行歌曲，吸引了所有人一起唱起来。

我只能从厨房跑到客厅，灌两口香槟，用简单的英语寒暄一下，再跑回厨房做饭。我不能说，只剩下做。

奶酪和面包吃腻了，我们去唐人街吃中餐。开餐馆的几乎都是香港人和广东人，父女俩的"广东话有限公司"立马迎头开张，琴用广东话和伙计打招呼，鸣心紧随其后。虽说是有限公司，客套礼貌也够用了，腔调还是蛮正的。

蒙特利尔律师的求婚计划不幸落空，他输给了一个来自美国纽约的小伙子——琴义无反顾地嫁给了这个小伙子，过上了讲英语的幸福生活。

琴现在工作用英法两语，在家用英语，和我联络用中文。

琴的妹妹诗诗没有出国留学，工作却是用英语的。诗诗英语流利，说写都不错。她在一家外国公司工作，老板是外国人，工作搭档是外国人，客户也是外国人。

诗诗的语言能力尚在其次，她的绝活是模仿能力。

诗诗能抓住每个人语言和表情最生动的瞬间，并巧妙地将其卡通化、喜剧化，模仿得维妙维肖，令我们忍俊不禁。

诗诗走到哪里，都能成为欢乐的焦点，化解了许多结怨和郁闷。正是因为这个原因，她的工作和生意做得风生水起。

诗诗嘴巴闲不住，手也不闲着。她小学学会写字后，就喜欢模仿各种笔体，最先发现这个特点的不是我，是她的小学班主任。

北京有年春天曾刮过一次大风，阵风达到10级，好像刮倒了大广告牌，砸死了路人，是轰动社会的新闻。

就在那一天，我顶着大风骑车，被诗诗的班主任叫到办公室。

班主任指着办公桌上摊开的近10个作业本，敲着桌子对我说："这就是你女儿干的好事，为同学冒充家长签名。"

我一怔，拿过作业本一看，各种签名笔迹，眼花缭乱。

班主任在一边开了腔："有些孩子不按要求完成作业，有些孩子作业成绩不好，不敢给家长看，不敢让家长签名，于是你女儿全权代劳了。"我反复给老师赔礼道歉，表示一定会严肃批评教育诗诗，绝不姑息。

班主任对我的态度比较满意，我才被放出办公室，重新钻进大风里。

根据审问诗诗的纪录可勾画出如下场景：

诗诗神气活现地坐在课椅上，像个小判官。求签名的同学排着队，每个人一手持笔（不能用同一支笔）一手持作业本。诗诗拿过作业本，端详几眼家长的字体，先在一张白纸试签一下，同学点头认可后，诗诗再正式签下家长的名字。拿到签名的同学撒着欢着离去，下一个同学急忙凑上来……

可惜好景不长，被正义的师生一举起获。

家中有好言喜说的主流，也有闷声寡语的一个，就是杜咏。

杜咏生于中央音乐学院，长于斯，学于斯，教于斯。

唯一冲出学院走上江湖的事情就是在鲍家街 43 号乐队中任键盘手，几个年轻人满怀热情，倾心投入，无数次艰难闯荡。

未料名气越来越热，心气却越来越凉，最后剩下汪峰孤军奋战，鲍家街43号以散伙告终。

杜咏少言寡语并不等于内心缺乏表达的冲动。

咏儿常说些旁人听不懂，自己也解释不明白的话。

起初，我并没有在意。把他的话列为贫嘴之列。

有一阵，他总是说"那我送你7个字"。我们听音乐会回到家，一本正经地讨论音乐会，尤其是我挖空心思地评价音乐作品的细节，既说给鸣心听，也带有自我欣赏的意味。问到杜咏，他则是一脸嘻笑地对我说"那我送你7个字"。我强迫症般地继续评说，杜咏以不变应万变地回答。一晚上，他送了我有700个字不止。

自那以后，我经常听到杜咏嘴里有各种新词涌现。比如"残的"、"特别是"、"肿了"、"豪的"、"鲜活的"、"迷幻了"、"不存在"等等很多很多。还有译音式俚语："阿优拉"、"美纽因"、"叶子迷"等等。

我在校园里遇到帅气的作曲家叶小纲老师——恰巧刚听过他的《大地之歌》，我很喜欢叶老师的富含诗意的作品——见到叶老师，我的班门弄斧病又犯了，对着大作曲家谈了些感触。谈话内容已经忘了，我就记得叶老师说了三个字"特别是"后来又补充了两个字"残的"。我心中暗暗吃惊，杜咏的造词流传之深之广，使用频率之高绝不可低估。

杜咏的太太宗义，是一位来自上海的律师。初见时落落大方，端庄朴素，我和鸣心对她颇有好感。他们交往一段时间后，我发现宗义的嘴里不时冒出杜咏的词汇。我不由得猜想，先说咏的话，后做咏的人，这是要订终身的信号啊。果不其然，俩人终成眷属。照杜咏的话——"成功了"！

杜咏的俏皮话深入人心，思之有味，是音乐学院民间用语的一道风景线，渐渐传入社会。我在微博上也看到过有人使用，央视主持人白岩松也吐露过"特别是"之类的词。

杜咏不造句只造词，思考独到，用词精炼，狡黠与幽默并存，自嘲与解嘲同体，将抱叹巧妙变为谐谑，寥寥几字即击败我家几个语言模仿者。再强的模仿者也是杜咏面前的小巫，杜咏才是真正言笑风雨闲看日月的创造者。

我和鸣心年龄的差距在家里不是禁忌的话题，相反，成为家人调侃的素材。家庭聚会中常常被拿到餐桌上来调侃几句，好像一道菜肴或甜食端上桌来。杜咏和诗诗兄妹说相声一样，一唱一和，一逗一捧。

"脏冰——"，这是诗诗在开场，模仿鸣心的口音叫我的名字。

"你的交际圈平均年龄80岁"——因为鸣心的同学都是这个年龄。

"你的朋友说话都要靠喊，90分贝？"

"肿了"，捧哏的杜咏说。

"走路1分钟1米？"

"3米之外认不出你是谁？"

"残的！"杜咏头也不抬地说。

"名义上集体聚会实际上你一个人买单。"

"豪的！"杜咏总结道。

"你的交际圈主要话题是儿孙或重孙吧？"

"你偶尔碰到五六十岁的人会把他们认成是儿女辈。"

"三四十岁是孙子辈，20岁你会看成重孙辈，小学生是曾孙辈吧？"

我刚想驳斥诗诗相声口一样地胡扯，只听见杜咏一字一音有力地捧道：

"安德烈！"

（补充说明：两兄妹当时年少，不识人生困苦，图一时口快，对年长者时有不敬之辞。随着年岁渐长，他们已不再开这种玩笑。）

十六、不速之客

艺术家都有些神经兮兮的，他们非常聪明，较常人敏感，思维方式新奇大胆，非常理性的很少。

世俗的生活会限制他们的创作思维，神经质有助于艺术家逃离世俗，追求自我理想的王国。神经质气质似乎成为艺术家的一种特征。

北京有一位作曲家，很有才华、有主见、有思想，同时也够狂傲，写过许多愤世嫉俗的作品。他的作品思考深刻，表现了悲怆的心路历程。

鸣心的创作风格和这位作曲家的创作风格是两股道上跑的车，非常不同。不知为什么鸣心偏偏得罪了他，据他说是因为鸣心做作曲系系主任时，没有把他聘入音乐学院。所以他只要见到鸣心就忍不住控诉一番。出席音乐会时俩人不免会碰上，此时他倒是还能顾全现场，理智地忍耐，音乐会进行中不会闹出什么动静。

幕间休息俨然成了他对鸣心的控诉会，他会拉住鸣心喋喋不休地说，为什么音乐学院没有聘用他，他举着两个手指在鸣心眼前摆晃，示意拥有两个证人，可作证当年是鸣心拒绝了他。

"音乐学院的保守势力"是送给鸣心的帽子，戴着这顶帽子，鸣心开始欣赏音乐会下半场曲目。

鸣心回来和我说起这件事，觉得又好笑又冤枉，"我们邀请过他来作曲系讲座，他有时候来，有时候完全不见踪影，学生就干等在那里，不是每个作曲家都适合教学，有些人更适合自由写作，再说我也无权决定人事任命"。

鸣心是个笨嘴拙舌的人，他只会原原本本地做事，老老实实地说话。他手中没有任何应对突兀事情的利器，无论是大小事的争论还是人际关系的较量，都一定会败下阵来。

然而情况并非永远是这样，鸣心也有过出人意料的表现。

有位作曲家，开了个人作品音乐会后，广泛征求意见。他打电话到我家，反复要求鸣心表态，鸣心不知如何回答，在其多次追问下急中生智："我认为你的作品有三个突破，曲调上有所突破，和声上有所突破，结构上有所突破。"电话那头掂量着"三个突破"的意思，鸣心这头巧妙地保全了看法，我则在一旁忍不住地笑。我能领会到鸣心"突破"的意思，重在"破"字，更倾向于"破坏"二字，曲调和声结构三个基本要素都被"破坏"掉了，可听性的东西还剩下多少呢？

指挥家卞祖善先生每每谈到"三个突破"的故事，都一定翘起大拇指，盛赞鸣心紧急回应的智慧。

一个冬天的傍晚，有人敲门，我打开门，一个瘦高的青年男子挟着一大卷谱子站在面前，目光一会儿直一会儿勾，一会儿打转，给我感觉他想张嘴说一件事，怀里却揣着无数思想。

"您是？"我问。"我找杜鸣心老师"，他爽直出口。

往常，我会一边叫鸣心，一边将客人迎进门，待他们碰头我即退下。

可这次一种异常的感觉敲打了我一下。

我没履行惯例，而是镇定而温和地撒了谎，"杜先生没在家"。

其实鸣心正在窗边书桌看报，离单元门较远，我不站在他面前说话，他永远听不见发生了什么。

"你如果有什么事情，我可以转告杜先生。"

"啊，是这样，我是他的学生 XX。"这是个不熟悉但也不陌生的名字。

我怔了一下，马上准备接受他滔滔不绝的述说。

"我改编了许多俄罗斯作曲家的作品，"——果然如我意料之中。

"柴可夫斯基的交响乐，斯克里亚宾的交响乐，普罗科菲耶夫的交响乐，肖斯塔科维奇的交响乐。"他报了一大串名单，把俄罗斯大作曲家横扫一遍。

"我把他们的作品全部修改了。"他的话好像修了我一刀，我在想他修改作品到底是用刀还是用笔？有点不明的作痛。

"我想请杜先生听听我的作品。"他的脸上焕发着异常的光亮。

"好啊，你真是太了不起了，放心吧，我一定转告杜先生，他一定会为你感到高兴，感到欣慰的。"

我的心嘭嘭地跳，表情尽量跟随着他兴奋。

他显然很满意遇到了一个知音，连连说"谢谢，谢谢"，竟然高兴地转头走掉了。

他没有留下乐谱，估计还要去另外的地方寻找更多的知音。

目送他离去，关上家门，莫名奇妙的情绪也跟着我进了屋子。

鸣心是个好好先生，温和的笑容从无厌倦地挂在脸上。

一个初春的下午，鸣心去图书馆借书，我在家闲着，想找点事开脱下慵懒的春困。

有人敲门，声音轻而谨慎。

一个清瘦的男人谦恭地站在面前。

"老杜在家吗?"从称谓上判断这是个老熟人。

音乐学院的人是不会这样称呼鸣心的，他们会互称老师，晚辈则习惯称杜先生长杜先生短。

除了音乐学院，鸣心工作时间最长的地方只有中央芭蕾舞团。

鸣心驻守芭团 10 年，写《红色娘子军》，芭团人称"老杜"。开口即称"老杜"，到访者应该是来自中央芭蕾舞团。

我飞快扫了一眼来者，可以肯定不曾近距离接触过他，很快我又确定曾远距离接触过他。

他的脸上带有沧桑之意，轮廓没变，身姿依然挺拔，双目虽失去了往日的清澈，仍不能掩盖我对他的特殊熟识。眼前人激活了我少年时期的记忆——一个看样板戏长大的人的记忆，不仅我认识他，很多中国人都认识他。

站在家门口这位确定无疑就是当年红极一时的政治、芭蕾双料明星，红色娘子军男一号洪常青的扮演者，大名鼎鼎的刘庆棠。

他不用自我介绍，我熟知他昔日的辉煌形象，也略知他近年的些许事迹。昔日里通天的人物，几经风云变幻，方出囹圄，辗转回京。

我什么都没说，礼貌地请刘庆棠在客厅等鸣心。

鸣心回来了，有些吃惊，但还是热情地和刘庆棠握了手。

接下来在客厅里，我倒了两杯清茶，他们开启了第一次音乐家对舞蹈家的平等谈话。

刘庆棠走后，鸣心紧急向我传达了他们谈话的精神。

"他想让我帮他写舞剧音乐。"

"你答应了？"

"我没有答应，也没有不答应。"

"什么意思？"

"我和他说了，我看看剧本再说。"

"我给刘庆棠写音乐还是有一定顾虑的，以他现在情况，唉，怎么说呢。"鸣心犯难地说。

"一切等剧本来了再说。"我安慰了鸣心。

果然，平等谈话对刘庆棠鼓励不凡。

过了几天，他亲自送来剧本。

并长篇大论地向鸣心宣讲了他的艺术构思。鸣心耐心地听着。

他的剧本名《岳飞》，他做了许多史料查证，很认真地写了台本。

全剧的中心意思就是"精忠报国，壮志未酬"。

他的剧本并未走出样板戏的框架，英雄主义情结突出，"岳飞"大义凛然，以身报国的形象鲜明，省略了吴琼花，塑造了一个中国古代版的洪常青。

舞剧《红色娘子军》是芭蕾舞发展史上的奇葩，撇开剧本音乐舞蹈不讨论，单单舞台上几次拉起横幅，打出标语就是前无古人的独创。

当舞台上出现"打土豪分田地"、"无产阶级只有先解放自己才能最后解放全人类"的标语时，观众的确会受到一定程度的震摄。

刘庆棠显然对这种创意欣爱有加，他的《岳飞》剧终一幕也出现了惊天动地的大标语"还我河山"！

鸣心被剧本上最后这四个字吓得一身冷汗，"还我河山"是有政治隐喻的，很容易联想到"文革十年"中大权在握的刘庆棠，那是他历史上最得意的时期，他曾经过着多么"说一不二"的日子。鸣心想想都很后怕，怎么能不冒冷汗、不顾虑重重呢？

"这可怎么办？我没有办法写。"鸣心像求救一样对我说。

我倒是格外冷静。

"不要着急，现在刘庆棠仅仅在纸上谈兵。芭蕾舞是一种投入巨大、完成艰巨的艺术。我认为刘庆棠的剧本很难得到投资，即使哪位与刘庆棠心怀共同理想的富豪投了资，搬上舞台仍旧困难，中芭是不可能与他合作的，地方芭团可能性更小，所以你完全不必焦虑。"

"即使刘庆棠有神一样的能力，能让一切到位，你如果不想写，仍可以推掉，我可以替你出面说明，用行政命令挟持艺术家的时代过去了，艺术合作的各方都有选择的自由。"

鸣心这才舒了口气。

《岳飞》的音乐根本一个音符未写，但是杜鸣心将与刘庆棠携手创作舞剧的消息却暗暗传播。

可能鸣心一贯友善待人的态度暖慰了刘庆棠，但他并不安于礼节的善待，他要雄心勃勃地突破人生的困境。

刘庆棠结下的仇家真是不少。

在一个私人聚会场合，鸣心的芭团朋友郑重其事走到我面前很严肃地对我说："张平，听说老杜要和刘庆棠合作，我代表芭团的朋友，请你劝告老杜，千万不要与刘庆棠合作，那样的话太令我们失望了。"

"事情并不是这样，老杜并没有具体打算，也没有正式应允他什么，你们的态度我们非常明白，心情也能理解。"我解释道。

后来和一位《红色娘子军》创作者聊天也说起这件事，我说："刘庆棠《岳飞》的剧本投排难度太大，基本可以说是无望的状态，刘庆棠干嘛非要做舞剧，教教芭蕾舞也可以嘛。"

"听说他还是个不错的芭蕾舞教员，尤其擅长教双人舞。"我接着说。

"你以为他是正统的俄罗斯学派的芭蕾舞吗？"说话

的人瞪大了眼睛。

"他是腰鼓队和东北大秧歌出身跳芭蕾舞，他的双人舞底子就是耍狮子。"

虽然是句玩笑，实际上表达了一些人对刘庆棠难以逆转的看法。

鸣心的善意开启了平等交流的门扇，刘庆棠看了什么好戏就会打电话来讨论一番，他说得多，感慨也多，鸣心永远是耐心地听着。遇到芭团有重要演出，刘庆棠会请鸣心帮忙找票，哪怕是静静地坐在角落中，默默不语，散场再悄然离开。

在那段时间里，我所看到的是：刘庆棠不乏重建辉煌的雄心，不乏四处奔走的勇气，不顾众多的仇家非议，也不缺少倾心追随他的女朋友。

有几次刘庆棠到音乐学院来听音乐会，开场前或结束后会带着女朋友们到我家小坐，他的女友们虽不是什么天姿国色，个个却也是衣装靓丽，容貌可人。她们怀着追星者的喜悦，跟随着刘庆棠兴冲冲地踏进我的家门，我知趣地退避到另一个房间。温文尔雅的大作曲家在刘庆棠的介绍下出场，鸣心向每位女宾致以亲切的问候，客厅里欢笑一堂，那一刻，刘庆棠的脸上浮现着骑士般的骄傲。

后来我们也不知道"岳飞"云游何方了。鸣心很快地动笔写作另一部芭蕾舞音乐《牡丹仙子》。

"仙境"代替了"人间","牡丹"代替了"岳飞","仙女"代替了"英雄"。

十七、我抱着一本书

我要去一个地方，去完成一件筹备了很久的事情，可是突然不想去了，很不想去，但是我无法推脱，只好押着自己，像囚徒一样上了飞机，简单的随身小包，手里紧紧抱着一本书。

这本书是史杰鹏先生的散文。"旧时天气旧时衣"，他在书中写到有个爱听歌听戏的外婆。

我也有个姥姥，也爱听戏。

我是由一个曲不离口的女人抚养大的，她就是我的姥姥。

姥姥是旧式妇女，略识文断字，能粗看小说、读报纸听广播。虽知书略浅，却是个知事知理心性透亮的女人。

她的同龄妇女文盲居多，可能是她生于书香人家，又嫁于乡绅大户，身边一直不乏饱学诗书的男主人，看看听听也学会了不少，做一个大门不出二门不迈的妇人，足够用了。

然而，姥姥身上真正闪光的是她口中的戏曲和戏文。

好诗好文一旦配上好曲，文字便有了灵动，如生命般跃出纸面。把它们唱出来，便如飞鸟鼓羽在家里轻轻飞翔，每个人心里都会发生反应。

春夏秋冬，四季衣裳，布料剪铺好，针线盒打开，用针在头发上刮擦两下，就像戏班子鼓手先击拍两下，戏就开场了。

"杭州美景盖世无双，西子湖畔奇异花香，春游西湖花红柳绿，夏赏荷花满池清香，秋日明月一池碧水，冬看瑞雪铺满山岗。"这是太平歌词。

音乐催时，手下走针如飞，炉子的火苗也跟着腾腾地跳。

炉火上蒸着双面点心，是用白面和玉米面卷成的花卷，又称金银卷。那时候只有年节才舍得吃纯白面大馒头。金银卷出锅热气腾腾，虾米熬白菜开锅正好，配着袅袅然的小曲，饭菜凭添几分香气。

弟弟拿着化石笔在堂屋地面上写字，歪扭扭白花花的字把地铺满了。姥姥就停下手，把地擦干净，让我接着写。

太阳落山了，一天又要过去了。我和弟弟把脸紧贴在玻璃窗上，鼻子压得扁扁的，盼着妈妈下班回家。身后传来姥姥的轻唱："千山万水来到京城，日没黄昏天色已晚。他眼前只见新人笑，旧人啼哭不动他的心田。"这是评剧秦香莲的唱段，声音中充满了凄凉。

姥姥嫁的是小女婿——姥爷整小她三岁，应了"女大三抱金砖"。夫家是一方乡绅，但姥爷是五谷不分的书呆子，虽毕业于朝阳大学，却从不谋事养家。

"七七"事变后，日子一落千丈，只靠卖家产过活，夫妻间磕碰不断。姥爷沉迷于古文书海，抱着书本，丢了金砖。

后来发生的家庭悲剧使姥姥姥爷的关系走到尽头。

我小时候特别娇气，爱哭，睡觉时必须要搂着姥姥的胳膊，还要听着她轻声小唱才能入睡。姥姥一个旧式妇女哪会唱什么摇篮曲之类的，于是《苏武牧羊》就是我的摇篮曲。其实这是一首古曲，后人填上了"留胡节不辱，牧羊十九年"的词，变成了英雄赞歌。她唱得深沉优美，我听着听着就睡着了。

20世纪60年代初，中国社会虽经历了很多可怕的状况，但还没完全崩溃。才子佳人已不在主流文化中，但也没变成牛鬼蛇神。姥姥常常领着我和弟弟看戏，风姿绰约的仙女和尖声细嗓的书生调情，大小唢呐齐鸣时，张灯结彩的大团圆是我们最兴奋的时刻——因为散场后有鸳鸯冰棍吃。鸳鸯冰棍是奶油双棒，一人一根不会打架。

小姑娘的偶像就是台上的仙女。兴致来了，姥姥翻箱倒柜，把我和邻居小妹扮上：绣花的粉巾盘在头上，垂下两个穗，嫩绿的绸带扎在腰上，一条水红色的大绣帕让我拿在手上甩来甩去。我扮崔莺莺，小妹扮红娘，姥姥导演的"西厢记"里永远没有张生。

家里唯一的男孩趴在地上写字，不时向我们投来鄙视的目光。

曲终人散的时候终于来了，"文革"这把刀斩断了我们如花的岁月。姥姥惶惶不可终日，社会上的杀杀打打吓坏了她，每个人都自顾不暇，没有人安慰她。

我不大不小，十二三岁。青春叛逆期加上"文革"，我受到了革命思想的洗涤，本质上又好享受，革命的头脑中隐藏着小资情调，人变得像个怪物，又像个疯子。

　　我喜欢游泳，中午去陶然亭游泳池，然后和同学走路回家，省下汽车票钱，路上准备买两根冰棍。一根5分的奶油冰棍，一根3分钱红果冰棍，这是我所能设计的最理想的生活。

　　我向姥姥开口要两毛钱，姥姥的回答粉碎了我的美好理想。

　　"冰棍买一根就行了，你每天去游泳，又花钱买冰棍，谁家孩子像你这么能花钱？"

　　我恼羞成怒，不知道怎么回答，情急之下突然冒出一句话重重地抛过去："你怎么像个老地主？"

　　姥姥先是一惊，接着脸色沉下来，使劲抑止住气愤，递给我两毛钱，沉默着不再说一个字。

　　我拿着两毛钱飞快跑出家，实现了一个下午的理想生活。

　　其实我的心里充满了不安和恐惧。

　　入夜后，我睡不着，就听见姥姥向我妈妈告状："这个孩子良心坏了，说话特别恶，她叫我老地主。"

　　隔天，妈妈叫来舅舅教育我："你怎么回事？你说姥姥是老地主，这是能惹来杀身之祸的话，你知道吗？"舅舅气愤得全身颤抖，眼睛里含着泪水看着我这个丧尽良心的东西。

我非常害怕，坐在角落里不停地哭。我不想引来红卫兵，害怕被抄家，害怕被批斗，害怕被游街，害怕失去姥姥。

可是，我的确说了一句令人胆寒的话，一句后果不堪设想的话，一句可能将亲人置于死地的话，我一生都在为这句话自责、忏悔。

慢慢的，我开始非常厌恶我的生活，可是我也没见过我喜欢的生活，我不知道什么样的生活是我喜欢的。

我常常听见姥姥在黑夜里叹气后伴着一大串咳嗽，人越来越瘦。她得了肺癌，剩下一把枯骨时住进了医院等死。

我妈白天上班，晚上陪她。

我刚从农村收麦子回来，人晒得又黑又黄。

我放暑假了，白天去医院陪伴姥姥。

没几日的一个中午，姥姥勉强喝了点水，要我拿出书给她读一段。我们读的是《艳阳天》，这是"文革"时的样板书，没有被禁。刚读了两句，窗外传来《大海航行靠舵手》的歌声，估摸是一个批斗会刚刚结束。那时会前唱《东方红》、会后唱《大海航行靠舵手》是铁硬的模式，没有人胆敢违抗。

这时值班护士走进来，翻了翻姥姥的眼睛，高声对我说："你们家只有你一个人吗？你们家没有大人吗？她的瞳孔放大了，已经没有心跳了。"我慌忙合上书，全身在抖。"快去叫你妈!"护士冲我大喊。

"大海航行靠舵手，万物生长靠太阳。"窗外歌声热烈，姥姥静静地躺在亢奋的歌声中，安详不动。嚎叫已经掠走了她的生息，她敌不过这烈火焚烧一样的歌声，像一棵倒在白色床单上的枯树，呈现着枯色的躯干，枯色的枝蔓。

我紧紧抱着那本《艳阳天》走出了医院，一路流泪。夕阳西下，我走一会儿，找个柳树荫凉坐下，翻几页书，泪水模糊了我的眼睛，什么也看不清楚。

就这样，悲伤和懦弱交替着，脸上挂满泪痕，我走得非常踉跄，一直朝着太阳西沉的方向。

我紧紧抱着那本书，好像抱着唯一的安慰，唯一的希望，好像抱着一个撒手即逝的灵魂。我不会撒手，我抱着的是姥姥的灵魂。

十八、最后的圆舞曲

我和鸣心的年龄是两代人的差距。

我们抱着"年龄大不是缺点，年龄小不是优点"的观点，聊以安慰。这件事在我家里是可以公开调侃的话题，小女诗诗经常嘻皮笑脸地问我："你的八十后社交圈感觉怎么样啊？""你是不是得用高分贝嗓音对他们说话啊？"大女儿琴长期生活在国外，她除了喜欢向朋友展示自己的美貌之外，也喜欢向朋友介绍我们的家庭。她介绍的开场白就是："我爸爸是中国著名作曲家，我的继母，比我爸爸小26岁。"话停下来，一脸莫名其妙的骄傲，完全不顾身边的惊讶和哗然。

在一次聚会中琴又如是宣讲了一遍，然后就去唱歌跳舞喝酒了。一位中年绅士走过来悄悄地问她："琴，这是你们家的传统吗？太好了，我的心一直都在痛苦着，我在犹豫我和你的年龄，你的话给了我追求你的勇气。"琴举着一杯香槟，惊讶地差点松了手。

其实，鸣心和我母亲同龄，在家里家外才是个真正尴尬的话题，每个人都心知肚明，从没人提及。

只有一次意外撞车。那次我们在妈妈家吃饭，妈妈做了好多菜，我还特意做了鸣心喜欢的"响油鳝糊"，全家吃得非常尽兴。

酣畅之中，妈妈突然宣布："明年是我的六六大寿，咱们全家要好好庆祝一下。"话音未落，就听见诗诗嫩声嫩气地接茬道："明年也是我杜大大六六大寿。"诗诗记得家中每个人的生日。

她的小心思是为姥姥的祝寿再添一把彩，没想到反而给热闹的饭桌浇了一盆凉水，哗的一下都沉默了，每个人都不知该说什么。妈妈赶紧转移了话题，我又端上一盘菜，才算解了围。

我妈是个难定义的女人，半传统半洋范儿，是矛盾集合体。她有自己特立独行的世界，她的心情不会受到别人的控制，她思想激进，要求进步，热爱工作积极努力，加班加点是家常便饭。

我小时候的印象中，她穿着列宁服工装裤下乡劳动，收麦子，修水库，她从没有吐露过一丝怨言。

表面上真的看不出她对我们有什么溺爱，偶尔从书包里掏出几块玻璃纸水果糖，我和弟弟乐得上窜下跳。

更多的时候我看见的是妈妈对姥姥冷着脸，指责姥姥娇惯我。

我不爱吃肉，姥姥经常烧一条小鱼或小虾给我吃。

"这孩子让您惯坏了，又娇气又挑食，不要再给她单做，不爱吃肉就给她吃白菜。"我妈毫不客气地说。

看见妈妈冷若冰霜的样子，我忍不住掉了眼泪，泪水凉凉地挂在脸上。

"她不是我的亲妈，她是后妈，姥姥才是我的亲妈。"我忿忿地想。

责备完我们祖孙二人，妈妈一转身进了自己房间。台灯透过绿纱灯罩泛着又青又黄的光，她坐在灯下一针一线地给我做一个大洋娃娃，她已经做了很多天了。

墨绿色的裤子，红底小碎花的上衣，还有粉色小袜子。洋娃娃的小盖被小枕头也在缝制中，妈妈陶醉在精巧的手工中，舒眉展眼地看着洋娃娃，比对我慈爱多了。

洋娃娃正式送给我的那天，妈妈的脸上洋溢着少见的笑容。我抱着娃娃简直高兴极了，白天抱着洋娃娃一刻不离，晚上抱着洋娃娃一起睡觉。我认识的小朋友几乎都没有这么美丽的洋娃娃，重要的是谁也没有这么巧手的妈妈。我们抱着娃娃去公园，去逛街，招来太多太多的赞美和羡慕，我们母女又和谐又幸福。

妈妈在"友谊医院"工作，她原是"中苏友好红十字协会"会长的秘书，后来会长成了院长，妈妈也随他调入医院，在院长办公室工作。

"友谊医院"的全名是中苏友谊医院，老百姓俗称"苏联医院"。

在我和弟弟很小的时候，我妈就离婚了。她从没和我讲过离婚的原因，我根本就没有双亲家庭生活的印象，也不认识我的爸爸。我和弟弟都随母姓，我就知道我最亲的人是姥姥，对于一个小孩子来说有奶便是娘，一个娘就够了。

单亲妈妈沉浸在革命色彩浓郁的工作中乐不思蜀，"苏联医院"就是她的家，那里有永远开不完的会，学不完的思想，干不完的工作。妈妈那么着迷，她的革命事业那么神圣，真是不可思议。

我们虽为革命积极分子的家属，生活却完全没有革命色彩。我们没有激进的生活方式，我们的日子总是和季节节气息息相关，姥姥带着我们逍遥自在地生活。

春游北海划船，夏游万寿山昆明湖，秋天香山观红叶，冬天在中山公园唐花坞赏腊梅赏雪。

姥姥教我们认字、写字，读书给我们听，唱各种小曲、小调，戏园子也是常常光顾的地方。

我们和妈妈简直是两个世界的人，她忙她的，我们玩我们的，互不打扰，各得其乐。

她在"苏联医院"工作，我们却不可以因近水楼台而沾光。我和弟弟的发烧咳嗽头疼脑热、姥姥的胃疼，一律用同仁堂的"小儿安"、"六味地黄丸"解决，不能因为家人家事耽误了革命工作。

有一次，我发高烧，"小儿安"吃了实在不管用，姥姥急得不行，半夜打电话叫了辆出租车去"苏联医院"。姥姥抱着我，弟弟紧跟其后，到了医院急诊室才见到妈妈，我敷了冰袋，注射了盘尼西林。

弟弟只有3岁，生平第一次坐小汽车，兴奋得不行。此后几日，天一黑他就瞪着大眼睛问姥姥："姐姐今天还去医院吗？我想坐小汽车去医院看病，坐小汽车去找妈妈。"

妈妈回来了，头发盘起来了，浓密的黑发有些自然的卷曲，深粉色小格子连衣裙，黑色皮凉鞋，又时髦，又漂亮。

她伸手递给我和弟弟大本连环画《皮诺曹的故事》，美丽的仙女拿一个长长的闪光棒，指着皮诺曹的鼻子，因为说谎鼻子越变越长。

吃过晚饭，我们不用早早钻进被窝，听姥姥唱《苏武牧羊》。

有时候我们在妈妈的房间里，她教我唱苏联歌曲《莫斯科郊外的晚上》《山楂树》，给我们讲"天鹅湖"的故事，看弟弟写字。她教我像歌唱家那样唱歌，一只手搭在书桌角——书桌象征着钢琴——或者让我左手搭右手放在胸前演唱，再教我西式的谢幕礼。房间被妈妈变成了剧院，两个世界的人在此欢聚一堂。

后来，"单身进步女"终于嫁给了"革命干部男"。妈妈带着我和弟弟——我们姐弟俩像两只小绵羊似的转场换圈——我们住进了大房子，家里有保姆干活，出门还可以叫小汽车。

其实我根本不需要什么爸爸，我有姥姥。

可是我妈需要，她需要有社会地位的丈夫，需要政治的保险，她喜欢体面风光的生活，所以妈妈必须选择投身革命。

虽然她出身于书香门弟之家，尽管她聪慧过人仪表优雅，但是在一个翻天覆地的社会中，只有在革命阵营中她才能找到自己的需要；只有嫁给无产阶级革命家，她才有可能过上高人一等的生活。

最后那次看到年轻美丽风采夺目的妈妈，我9岁，已经是大小姑娘了，那是在人民大会堂宴会厅的新年舞会上。

妈妈如沐春风，一袭紫红色的丝绒旗袍，树叶形的水晶别针戴在领口上，淡色的三角披肩轻搭在旗袍外，脚蹬一双精致的米色半高跟鞋，润泽白皙的脸庞衬着乌亮的卷发，妩媚而出众。她跳了一曲又一曲，快乐又自信，优雅的舞步中透着得意。

舞会集中了各路当权者和他们的家眷。中国刚刚逃脱了大饥荒的苦难，参加者谁也不会想到这是最后的狂欢，更为严酷的政治时代正在悄悄逼近，文革很快就要开始了……

以后的几十年，我妈经历了做梦也想不到的生活。她经历了梦断、梦碎、青春逝去。再也没有什么梦想了，只剩下必须面对的各种现实。

我妈要面对女儿婚姻的现实，要面对和自己同龄的杜鸣心。

好在她要面对的人不是什么强劲敌手，杜鸣心是一个现实生活中再弱不过的弱者了，根本不需要勇敢的力度，只要向他伸出双手，他就会给你温暖的回报。

我们三个人默契地绕过年龄的尴尬，我一手拉着妈妈一手拉着鸣心，自然地成为好朋友。

妈妈老了，年轻的激进和锐气越来越少了，她脱掉了革命文艺女青年的外衣，聪慧和优雅依旧未减，变成了人情味十足的文艺老妇。

她那双最能赢得人心的巧手仍在。她到我家来，用尺子简单量一量沙发，做了一个沙发套，破旧的沙发焕然一新；她看到鸣心穿了一件旧呢子大衣，上下打量几眼，拿回家翻了一个面，衬上绸子里，好像一件新大衣；隆冬时分，妈妈用很细的毛衣针为鸣心织了一条紫红色的围巾，细柔暖和，鸣心一直戴到今天。

我们三个人一起逛书市，听音乐会，看芭蕾舞；我们一起去各种餐馆吃饭，天气好的时候也去公园散散步。

北京有春天，但是风和日丽的春天还是有点稀罕。恰逢一个稀罕的春日，我们来到陶然亭公园，坐在阳光垂柳的湖边。

我妈和鸣心聊起了各自少年和青年的音乐经历，我妈唱一句鸣心接一句。

他们从《麻雀与小孩》《小小画家》开始："飞，飞，这个样子飞飞"、"哎呀不好了，女儿不见了"、"赵钱孙李，周吴郑王，洪家姊妹，两只山羊"……

我妈生长在旧北京，接受的音乐教育更完善，儿童音乐歌舞剧就是她的音乐启蒙。

鸣心少年时代印象最深的是黎锦晖的流行歌曲，那是他父亲整天在家放留声机的结果。

《毛毛雨》《桃花江是美人窝》《渔光曲》《秋水伊人》《长城谣》等等成了湖畔音乐会的第二部分演唱曲目，一唱一随，简直让我"耳不暇接"。

一口气唱到50年代，苏联留学生和"苏联医院"的干部共同唱起《莫斯科郊外的晚上》《山楂树》《红莓花儿开》《共青团员之歌》，他们俩兴致勃勃，一首接一首，我插不上嘴，心甘情愿做唯一的听众。

我也有自己的少年音乐历程，我当年唱的是"拿起笔做刀枪，集中火力打黑帮"、"下定决心，不怕牺牲，排除万难，去争取胜利!"、"天上布满星，月牙亮晶晶，生产队里开大会诉苦把冤伸"等等。和刚听到的音乐比起来，我所唱过的歌曲那么狂热，满是仇恨，甚至血腥，我从来不知道我生长的地方曾经有过那么多好听的音乐，我更不知道这世界上还有姓巴名赫姓肖名邦的音乐家，我什么都不知道。

每个人每件事都有自己的"最后"，我们每天每时都会经历一个又一个的"最后"。大多平淡，个别出奇，有些欢乐收场，有些黯然收尾，不论怎样总归是要一步一步走向"最后"。

我妈的"最后"来得最早。80 岁刚过，好像从山谷里突然吹来一股风，先吹乱了时辰，接着把有序的生活吹个乱七八糟。她说话时空颠倒，把 10 年前的事说成是昨天，刚发生的事一点都不记得。她不再织毛衣，不整理房间，她把多年的小时工拒之门外，不分时辰地乱吃东西，手里拿着一本《老舍文集》翻来覆去地看。

我没有办法 24 小时守护在她身边，心里极度难受和焦虑。

我和弟弟商量之后，忍痛把她送到一家全天监护的养老院，期望她能在那里安度晚年。

此后，跑养老院探望妈妈成了我日常生活的一部分。

我恨不得把妈妈爱吃的东西全搬去养老院，看见漂亮的衣服，只要是妈妈能穿的，我都会毫不犹豫地买给她。

但是无论我怎么做，怎么跑，都无法追上阿尔兹海默症的脚步。

妈妈越来越消沉，非常冷漠，话很少，有时突然冒出一句话，是在读电视屏幕上的字。

她恍恍惚惚地认人，时糊涂时清醒，唯一不忘的只有中国字，还有我和鸣心。

我多么希望她能好起来，我们仨重新快乐地在一起。我在努力。

一个秋天的下午，我和鸣心来到养老院，那天妈妈精神奇怪地好，脸上有了笑容，我们喝茶吃饼干。我突发灵感："妈，你和鸣心跳舞吧，我给你们伴奏。""没钢琴，也没录音机，怎么跳？"鸣心问。我连忙接道："我对圆舞曲音乐很熟悉，我过去常拉手风琴伴奏舞会，我可以唱。"鸣心马上走到妈妈跟前恭敬地邀请她，妈妈从沙发里起身，他们自然地拉起手，走到屋子中央。

我唱着三个人都熟悉的乐曲《多瑙河之波》，他们俩缓缓地起舞。

窗外的秋天忧伤而美丽，室内一个小小的舞会在进行。

妈妈好像一片寻觅安落的树叶，轻轻飘游。在风淡云飞中，高爽的金秋接纳了她。

对于我们来说，幸福没有明天，也没有昨天，我们不怀念过去，也不向往未来，只有现在。

一年之后妈妈去世了，我们三人好友圈，只剩下两个。

十九、莫斯科事件

　　我的写作能力实在有限，写着写着常有黔驴技穷的感觉，哦，不是感觉，是实况。

　　还有，我只能写我亲身经历过的事，没有经历过的事情，写起来总感觉有编的成份。我又怕编出了圈，与事实不符，我不愿意做一个歪曲历史的人。

　　鸣心的莫斯科经历是他终生难忘又耿耿于怀的，他无数次向我叙述，好像一块压在心头的巨石，不可化解。他想让我写出来，我怕写不好，表达得不切实。最后我们俩达成协议，我提问，他叙述，我记录整理。

　　我们从 1958 年，也就是鸣心在莫斯科的最后一年说起。

　　"最后一年你是怎样度过的？"

　　"1958 年初到夏天，我开始写奏鸣曲式的交响序曲了。"

"1958年春天第一届柴可夫斯基比赛开始了，中国有三个选手参加，两个钢琴的是顾圣婴和刘诗昆，小提琴是杨秉荪。我和吴祖强轮流给他们做翻译。顾圣婴是在扎克教授家里上课的。刘诗昆的老师叫那他颂，是凡贝克教研室的老师。他们在音乐学院教室上课。"

"顾圣婴没有进决赛，刘诗昆最终获得银奖，大家都很高兴。"

"与此同时莫斯科普希金话剧院要演出曹禺的话剧《雷雨》，普希金话剧院有自己的小乐队，他们找到柴可夫斯音乐学院，希望一个中国作曲家帮助写音乐。作曲系推荐了我。6月份话剧正式演出，反响很热烈，我的作曲他们也很满意，剧院还给了我2000卢布的稿酬。"

"你的学习成绩怎么样？"

"每个学生有一本考试分数册，我的专业课都是5分，包括和声，复调，曲式，配器，还有作曲主科。"

"你的中国同学都有哪些人？"

"作曲专业的有朱践耳、瞿维；指挥专业的有黄晓同、曹鹏；钢琴专业倪洪进；大提琴专业林应荣；声乐专业徐宜；木管专业刘志纲；音乐学专业黄晓和。"

"吴祖强呢？"

"吴祖强和郭淑珍毕业考试结束就回国了。"

"能谈谈你的课余生活和社交活动吗？"

"苏联共青团组织经常会在周末组织社会主义国家的留学生到某个俱乐部，举办文艺活动或者开舞会，活动结束时会有聚餐，参加活动的也有一些莫斯科当地的青年学生，大家在一起很开心。"

"你认识一些俄罗斯朋友吗？"

"认识一些，当时中苏关系是友好的，俄罗斯人对中国人也比较友好，他们很热情，我们去听音乐会大家互相介绍认识。"

"谈谈和你关系比较好的俄罗斯朋友吧。"

"古拜杜丽娜（世界著名作曲家）是我的同班同学，她经常帮助我。我的俄文不够快，她把课堂笔记借给我抄，她的笔迹工整极了，我马上就看得明明白白。"

"赫鲁波娃（现为柴可夫斯基音乐院教授）也是我的好朋友，我学和声时，老师要我们分析肖邦 c 小调夜曲和 b 小调前奏曲，因为我基础弱，有些地方弄不清楚，她非常耐心地帮我分析，我很受益。"

"那个时期你有谈恋爱吗?"

"我刚到俄罗斯时,中国使馆留学生管理处有明确的规定,不可以和俄罗斯人谈恋爱,到我大学三年级时就放开了,可以和俄罗斯人谈恋爱了。"

"你当时在中国有女朋友吗?"

"我是单身,没有女朋友。"

"对于这项规定的解除你是怎么理解的?"

"我在国内既无家眷也无女友,当时我已经29岁了,我身边也确实有一些俄罗斯朋友,我谈恋爱应该是合理合法的。"

"于是你就按照规定开始谈情说爱了?"

"是的。"

"我认识了一位莫斯科建工学院的女学生,名字叫斯薇特兰娜,是在一次联谊活动中认识的,我们互相很喜欢。"

"她漂亮吗?"

"她很漂亮,个子不高,小巧玲珑,长着一双灰绿色的眼睛,金色的头发,十分迷人。她喜欢音乐,爱说爱唱,身上散发着火样的热情,我们经常一起听音乐会,在公园里散步。新年的时候,她看我很寂寞,特别邀请我去她宿舍，和她的室友们一起聚餐，她的女友都知道她交了一个中国男朋友。"

"不知不觉中，我和兰娜陷入了一种迷茫的热恋。"

"你有打算娶兰娜为妻子吗？"

"我还没有来得及冷静思考这件事。第一，我总觉得中国那时还很落后，我又是个穷学生，几乎没有物质条件娶一个俄罗斯太太。第二，兰娜具有俄罗斯人多情浪漫的一面，我虽然和她相爱，但是并不了解她另外的社交生活。我作为一个身居异乡的中国人，很难在短时间内深入了解她真实的性格和生活。"

"其实我心中还有另一段隐情。"

"1957 年秋天，为庆祝法国学联成立 40 周年，受邀国家分别组织了演出小组，我被中国组选上了，我在演出中担任钢琴伴奏，同时编配一些乐队作品。最好笑的是，我还担任了我一生第一次也是最后一次的中国组报幕员。"

"那是一次愉快而难忘的旅程。之所以说难忘，因为我在演出中认识了一个美丽的俄罗斯姑娘——马斯洛娃。"

"马斯洛娃是一名芭蕾舞演员，刚刚从舞蹈学校毕业，被选入莫斯科大剧院当演员，她身材修长，长相秀丽，棕色的头发披肩。马斯洛娃非常文静，身上有一股高贵而矜持的气质。她舞技超群，表演了'埃丝米拉达'双人舞，身段灵巧优美，非常传神。她也喜欢音乐，我有时在排练室弹琴，她就有意留下来，静静地听我演奏。"

"我很希望和她保持联系，就向她索要了电话号码。她在我的记事本写电话号码时，白晰的脸庞上掠过一丝浅浅的羞涩。"

"回到莫斯科就是回到忙碌中，我要进入大中型音乐作品写作，学习非常紧张，可是我的心里一直想念着马斯洛娃，特别盼望见到她。"

"我给她打过几次电话，问候她。可能是她工作太紧张，排练演出频繁，我们见面的机会很少。"

"芭蕾舞演员是个特殊的艺术群体，他们有特别的生活方式和特别的作息规律，他们每天都必须练功，还要排练演出，非常紧张，私人可支配的时间有限，我们不容易见面，我是这样猜想。"

"可是马斯洛娃的形象在我心里一直挥之不去。"

"我鼓足勇气一次又一次给她打电话，努力争取见到她。"

"终于，她有了时间，我穿上西服打了领带手里捧着一束鲜花在街角等着马斯洛娃。莫斯科的深秋很冷，当我看见她远远地向我走来，我的心就好像燃起了暖暖的火苗。"

"我挽着她在街道上散步，谈论彼此的生活和学习。街道旁的落叶被踩得咔嚓作响，为我们的谈话配上了活泼的节奏，天气也不显得那么单调阴冷了。"

"我还是太胆怯了，我悔恨每次和马斯洛娃见面时，除了拿在手里那束艳美的花，总没有胆量说出比花更美的话。望着马斯洛娃深情的目光，我竟然常常语塞。"

"冬天是莫斯科演出社交的热季，灯火辉煌的室内活动和冰天雪地室外景象形成了鲜明的对比。"

"我最后一次见到马斯洛娃是在一片白茫茫的雪夜里，我们说了比从前更多的话。她希望我努力学习作曲，希望将来有一天能在我创作的舞剧中担任女主角。"

"莫斯科的街道上行人无几，月光照下来，整个街上好像被洒了一层银粉，楼群的窗户透出一方一方柔黄的光，在这个和谐的布局里，两个年轻人在畅想中徜徉。"

"天气还是太冷了，我叫了出租车送她回家。我站在公寓门口看着她跑上楼梯。她示意我稍等一下。很快，马斯洛娃又回到门口，递给我一个纸卷，我握了握她的手，话还没出口，她已轻盈地跑掉了。"

"我打开纸卷，是一张大的照片，黑白的芭蕾舞近景剧照，马斯洛娃宛如仙女的形象定格在我的眼前。我看了很久，人都呆住了，雪花静静地落满了我的全身。"

"也许是我太笨了，也许是马斯洛娃高贵而神秘的气质反而使我心生自卑，总之，我错过了珍贵的机缘，当我醒悟时，一切都身不由己了。"

"身不由己是什么意思？"

"1958年期末考试结束，暑假刚刚开始。有一天，音乐学院的两个留学生干部突然找我谈话。"

"他们要求我谈谈生活近况。"

"我感觉很奇怪，就泛泛地谈了谈。"

"两个学生干部显然对这个没有兴趣，他们提示我，你在生活上有什么问题？实际上是指男女关系的问题。"

"我想了想说道，古拜杜丽娜和赫鲁波娃等等是我比较要好的女同学。"

"来者不满意。我又补充道与一个弹竖琴的女同学关系较好，因为我们俩合作表演肖斯塔科维奇的钢琴小协奏曲，我们同为一个钢琴老师。"

"两个学生干部的目的不是这个，我的叙述他们不想再听了。"

"他们想听什么？"

"我恍悟到，他们是想知道我的恋爱情况。"

"我不想再说下去，他们交换了一下眼神，对我说，好吧，今天就到这里，你要好好的想一想，过几天我们再谈谈。"

"我太简单了，以为这不过是一次例行的组织谈话，未料到这仅仅是灾难的开头。"

"几天之后，音乐学院在校全体中国留学生开了一次会。"

"现在想起来这次会是精心策划过的。"

"会议的主题是向组织交心，每个到会者总结检讨自己学习生话的优缺点，互相批评，互相帮助。"

"有多少个同学与会？"

"黄晓同有事回国了，剩下的同学都在，就是我前面提到那些人，大概是 9 个人。"

"大家都向组织交心了？"

"是的，按照次序发言。"

"在会议主持人的安排下，其他人都是在浮皮蹭痒地说，打着交心的名义走过场。"

"然而轮到我发言时，情势急转，'交心'变成了'交待'，所有的矛头突然一致指向我。"

"会议主持人（学生干部之一）手里拿着一个笔记本，带着威胁的口气对我说，怎么样？你谈不谈？边说边来回翻笔记本。好像那个本子记满了我的问题。"

"我被突发的情势吓蒙了，心里充满了恐惧，不知道该怎么办？"

"慌乱中我在想，今天我如果不深谈下我的个人生活，无论如何是过不了关了。"

"我看了看主持人手里的笔记本，好像是我的生死薄，我的命运全掌握在他们手里，死里逃生的办法就是坦白自己的私生活。"

"我像个罪犯一样，对着判官坦白罪行，期望能用坦露心扉换来谅解。可事实证明我错了，正是由于我的诚恳老实，换来的是最后的毁灭。"

"你都坦白了些什么？"

"我坦露了我和斯薇特兰娜的恋爱关系，我们认识的来龙去脉，一起去过哪些地方，都干了些什么，以及两个人亲密关系的程度。"

"就这些吗?"

"就是这些。"

"会场顿时群情激愤，我成了大逆不道的人。"

"我像一只被猎获的动物，剥去外皮，掠走尊严，任凭展览围观，评头论足甚至唾骂。"

"两个学生干部像初战告捷的战地指挥官，又激动又兴奋，当即通知中国大使馆前来处理他们捕获的罪犯"（我认为是提前串通好的）。

"半个多小时后，中国大使馆的官员就来了，官气十足地训斥了我一番，我低头无语，希望赶快结束这一切。"

"结束了吗?"

"不但没有结束，反而是新一轮批判和羞辱的开始。"

"在我和大使馆官员谈话期间，两个学生干部带领中国留学生重新布置会场，他们以飞快的速度将事先准备的横幅标语拉好，标语上写满了警示的口号。"

"我再度走进会场等待着声讨和批判。有些人摩拳擦掌，也有人火药上膛，当然也有默不作声者，对自己的命运充满担忧。"

"我已经完全没有权利发声了。"

"我的'罪行'足够大家公开批判，背地里消遣解闷。"

"也足够某些人邀功领赏，赢得上级更多的信任，捞取政治资本。"

"你还记得批判会的那些发言吗？"

"事隔几十年，加上当时我的脑子一片混乱，我只记得大家七嘴八舌地批判我，在各种激烈的言辞中，我变成一个十恶不赦的恶棍，任人污辱。"

"我记得有一个女同学（我曾为学习的事去找过她一次）指着我质问道：'你来找我是想干什么啊'（暗示我对她有非份之想）？"

"有什么人表示同情吗？"

"没有，也不敢。"

"我隐约记得，瞿维比较温和地说了句：'以后要接受教训，改正错误就好了'。"

"也有人默默不语地听着。"

"最后，一个非常激进的女同学拍着桌子，对我大吼：'这样的人没有资格继续在这里学习，一定要把他遣送回国'！"

"驱逐出莫斯科，遣送回国！"

"整人者的目标曝光了，我的丧钟也敲响了。"

"我突然醒悟到，这场精心策划并要置我于死地的阴谋，从二个学生干部和我谈话那刻就已经开始在有步骤地实施了。"

"一切都结束了，我突然从天堂掉进地狱，有生不如死的感觉。"

"绝望中，我想起远在中国的母亲，回想起父亲参加淞沪保卫战被报阵亡的那个夜晚，我永远失去了父亲。我们母子相拥，悲伤欲绝，我用手不停地给妈妈擦泪，但是我的心并未完全陷入绝境，我还有母爱的怀抱，还有尚存的温暖和微弱的怜悯。"

"可是今天我在异国他乡遭人暗算，却得不到一丝同情，半点垂怜。"

"后来我明白了，当人追求一种扭曲的政治荣耀和功名之时，出卖告密迫害他人是必然的选择，他们从此踏入了卑劣的人生轨迹。"

"心性单纯的人往往成为他们手中的战利品和牺

牲品。"

"后来的事情证明我只是其中之一。"

"在莫斯科最后的日子里你做了什么?"

"人间的冷暖在一夜间消失了,仅剩下莫斯科绿色的夏天和我相伴,我迈着沉重的步子来到作曲教授楚拉基家告别。"

"我是老师的得意门生,我常常在他家上课,我熟悉他的客厅、琴声,还有他太太的歌声,这一切马上就要成为过去。"

"我神情落寞,呆呆地站在客厅中间。老师表情严肃不停地搓着双手来回踱步。我沮丧地张了张嘴想说'再见',又咽了回去。我们也许不会再见,更可能是就此'永别',想到这我心如刀绞。"

"老师的太太走过来,拉着我的手,温柔地望着我,像看着自己的亲人。我再也忍不住了,捧起她的手轻轻地吻着,大滴的眼泪掉在她的手背上。她轻轻地对我说'Милый Мой'(俄语,最亲爱的)。"

"你没有向俄罗斯女友告别吗?"

"没有,我已经没有那个胆量了。我像个谜团,变成了一个莫名失踪的中国男朋友。"

"是谁最后通知你离开莫斯科的?"

"当然是学生干部。"

"他向我交待具体事宜,打着一副官腔。"

"什么具体事宜?"

"第一,要自费买火车票回去,不能用公费。因为他们了解到我曾赚了2千卢布的稿费,2千卢布相当于4个月的生活费,是一笔令人眼红的财富。"

"第二,上缴演出服装(一套西服)。"

"启程临近时,另一个学生干部走到我的宿舍前,手里拿着剃须刀片,他一边擦拭着刀片上的水渍,一边假装探问我准备得如何。看我一眼摆弄两下刀片,得意和窃喜两种表情在他脸上交替流露着。"

"就这样,我背负着沉重的罪名和简单的行装登上了莫斯科到北京的火车。"

"我灰溜溜地回到北京,回到中央音乐学院。我的丑闻在音乐界广泛传播,到处被人指指点点,抬不起头,心情特别压抑。"

"后来他们又追杀般地对我做了两件事。"

"第一,写信到中央音乐学院告我对组织处分不满,到楚拉基家诉苦。"

"第二，写信到中央音乐学院，开除我的团籍（我回国时将组织关系带回，已参加了音乐学院的团组织生活）。"

"真是处心积虑置人于死地啊，以后你怎么工作和生活啊？"

"是的，我真是无路可走了。"

"转眼到了1959年。"

"大难之后，苍天有眼。"

"舞剧《鱼美人》给我带来不幸中的万幸，我意外地参加了写作。我投入了全部心血，没有想到演出后一举轰动，我又奇迹般地生还了，好像重新回到了人间。"

"《鱼美人》演出后好评如潮，《人民日报》大幅报道，消息自然传到莫斯科，这是我做梦也没想到的。我猜他们做梦也没有想到，我一个落入谷底的人竟然复活了，真是绝处逢生！"

"更可卑的是，他们居然舔着脸给我写了一封信表示祝贺。信中夸我不愧是柴可夫斯基音乐院的学生，取得了那么光荣的成就。"

"我把这封信撕得粉碎扔进垃圾桶。"

谈到这里，我感觉心里很闷。世人对沧桑历史不乏评判，唯独缺少了对良心的拷问。停下来，喝了一杯茶，舒服了些。

"鸣心，转个话题，1986 年，中央芭蕾舞团访问莫斯科演出《鱼美人》，蒋祖慧导演见到了你的女友马斯洛娃。"

"马斯洛娃对蒋祖慧说，《鱼美人》的音乐是杜鸣心为我写的。"

"我想知道，《鱼美人》的音乐是你为马斯洛娃写的吗?"

"我是在人生遭到重创的时候写的这部作品，我的音乐多是幻想式的，我企望通过神话的情景和幻想式的音乐来解脱内心的痛苦。"

"我在莫斯科悲欢离合的经历，在这部作品中留下了诸多笔触。"

"我和马斯洛娃的恋情是莫斯科岁月珍贵的一页，纯真而美好，令我一生难忘。"

"从这个角度上来说，《鱼美人》的音乐中有马斯洛娃的影子。"

我和鸣心关于莫斯科事件的谈话到此结束了。我仔细整理了一遍这个谈话，发觉还有一个问题想问问他。

"鸣心，莫斯科事件已经过去60年了，岁月的流逝是可以使人们淡忘恩仇的，而且你也走到了更加宽大为怀的年纪。我想问，你能宽恕当年在莫斯科整治你的人吗?"

鸣心沉吟了一下:"我不宽恕。"

后　记

　　现在几乎每个人都有一部智能手机，不管走到哪里都能看到低头看手机的人。

　　几年前，这种景象还仅限于年轻人群和中年人群，现在这个群体扩大了，小学生拿着手机玩游戏，老年人戴上花镜微信聊个不停，我们的小孙女两岁就抱着"拍拍"不撒手。

　　读书的世界越来越小，读书的人越来越少。这究竟是一种进步，还是一种衰退？谁都难说清楚。

　　我在这个时候写了一本书，完全不合潮流，也不够识趣。我母亲和我母亲的母亲那辈人喜欢说"拿针轻，拿笔重"。到了我这辈，手不仅只使用针和笔了，双手握住汽车方向盘，可以跑遍天下；拿笔的手飞走在电脑键盘上，能够探知世界。

但是我还是想拿笔写，我想把我们的故事讲给大家听。我别无选择，趁着图书业"尚存一息"时赶快写出来。万一发明了"苹果"的人再发明了"鸭梨"、"西瓜"呢？没人能阻止科技的进步，没人能阻止文明的进程，谁也阻止不了"人手一机"，我唯一能做的是趁早。

写作真不是件轻松的事，简单写一两篇还可以，长篇大套就是另外一回事了，说"小话"容易，说"大话"难。

我所写的人是个说"大话"、干"大事"的人，也可称是"做工程"的人。我和一位音乐"工程师"同处一室写作，他写交响乐，我写他。他的"大事"写得从容不迫，神情淡定；我的"小事"写得精疲力尽，气喘吁吁。我抬头望望他，感到非常惭愧，我俩的写作水准和写作能力完全不在一个维度上。

中国有很多知名和不知名的作曲家，每位作曲家都有属于自己的一片天地。音乐是最能使人屈从的艺术，它几乎支配着每位作曲家生命中的每一刻。哪一位作曲家的创作历程不是"艰难困苦，玉汝于成"？作为一名作曲家的妻子和一位作曲家心路历程的见证人，我不由得对这个群体产生由衷的敬意。

孔子说"不逆诈，不亿不信"，就是说遇事不必推测他人的想法，不必臆断他人的看法。所写的这一切，仅是我一场诚实的坦露，至于读者怎么想怎么看，我并不在意。仁者见仁，智者见智，情者见情，色者见色，只要你能读读我写的书，我就很愉快。另外，具体到我这个只能做"小活"的人来说，写作至此绝对是精疲力尽，我的确没有精力再去关注出版以后的事了。